Gisela Uhlen

Meine Droge ist das Leben

Gisela Uhlen

Meine Droge ist das Leben

BELTZ
Quadriga

Die Deutsche Bibliothek – CIP-Einheitsaufnahme

Uhlen, Gisela:
Meine Droge ist das Leben / Gisela Uhlen. – Weinheim ;
Berlin : Quadriga-Verl., 1993
ISBN 3-88679-199-8

Lektorat: Claus Koch
© 1993 Quadriga Verlag, Weinheim, Berlin
Satz: Satz- und Reprotechnik GmbH, 69495 Hemsbach
Druck: Druckhaus Beltz, 69494 Hemsbach
Umschlaggestaltung: Dieter Vollendorf
Printed in Germany
ISBN 3-88679-199-8

Inhalt

TEIL 1

1
Menschen in Gänsefüßchen
Seite 9

2
Ein verlorenes, verlassenes Kind
Seite 27

3
Dann ist die Gewalt im Ankommen
Seite 37

4
Die Liebe des Publikums
Seite 45

5
»Oskar Werner«
Seite 53

6
Die Faszination
Seite 63

7
Es gibt keine unglückliche Liebe
Seite 71

8
Fassbinders 27 Frauen in New York
Seite 78

9

Die Wanderbühne

Seite 82

10

Eine Reise in die Vergangenheit

Seite 91

11

Abenteuer Tod

Seite 98

Nachwort

Seite 103

TEIL 2

Bildbiographie: Die Schauspielerin Gisela Uhlen

Seite 107

TEIL 3

Die künstlerische Laufbahn:
Theater, Film, Fernsehen

Seite 201

Photonachweis

Seite 230

Teil 1

1
Menschen
in
Gänsefüßchen

Ganz, ganz nahe dem Himmel, über den Dächern von Paris, mit dem Blick auf den Elyséepalast, das wurde im Sommer 1990 mein Domizil. Ganz, ganz klein, wie ein Vogelnest, auf dem schönsten »Haute Couture«-Boulevard, der Rue du Faubourg St. Honoré. Seit meinen Mädchenjahren träumte ich von Paris. Mit 21 Jahren spielte ich bereits an der »Comédie Française« die Luise in Schillers »Kabale und Liebe«, ein Gastspiel des Berliner Schiller-Theaters. Nun hatte ich die runde 70 überschritten und war selig in meinem »pied-à-terre«.

Eigentlich ist Zürich meine Heimat geworden, und 18 Jahre wohnte ich am See. Dann zog ich 1988 in die Altstadt, wenige Schritte vom »Pfauen«, um dem Zürcher Schauspielhaus näher zu sein. Joachim Benning inszenierte dort die Schweizer Uraufführung »Der letzte Gast« von Thomas Hürlimann. Zum ersten Male in meinem Leben spielte ich eine Männerrolle. In Shakespeare-Rollen hatte ich mich oft in die Verkleidung einer sogenannten Hosenrolle verwandelt. Aber diesmal mußte ich mich mit einem alten Mann total

identifizieren. Ich spielte das tragische Ende des großen Schauspielers Oskar Werner. Ich betete darum,
dieser »Jahrhundert-Rolle« gewachsen zu sein.

Dieser Arbeit werde ich später ein Kapitel widmen.
Jetzt will ich nur meine Reaktion schildern, als ich die
Kritiken zu lesen bekam.

*»Gisela Uhlen, schwarz gekleidet in Anzug und Pelzman-
tel, mit weißem, männlichem Gesicht und ausdrucksstarken
Augen, zeigt in starker Präsenz die Resignation dieser Figur,
die sich in Shakespeare-Fetzen zu deklamatorischen Hochlei-
stungen aufschwingt, um gleich darauf klein, zerbrechlich,
mit kaum hörbarer Stimme den Tod zu suchen, in einem Stuhl
zu hängen, Fernet zu verlangen. Sie macht, vom Publikum
gefeiert, die Tragik wie die Komik Oskar Werners bis in Nu-
ancen begreifbar.«*

*»Die Uhlen tritt auf, wie die alte Sarah Bernhardt als
Hamlet – ganz das deplazierte Monstre sacré, die greise Jüng-
lingin, verwüstet und verwundbar, zerstreut und zerstört,
lächerlich und respektgebietend. Der Selbstgenuß im eigenen
Virtuosentum ... Sie war in ihrer kongenialen Rolleninter-
pretation nicht nur virtuos, sie setzte auch ihrem Kollegen ein
darstellerisches Denkmal.«*

Als ich das gelesen hatte, schwebte ich über allen
Wolken. Ich wollte mir ein Geschenk machen, ein Geschenk auf Dauer, das ebenso ein neuer Absprung
werden könnte. Kein Ausruhen auf imaginärem Lor-
beer. Also wanderte ich zur Berlitz-School um so
schnell wie möglich meine Französischkenntnisse auf-
zumöbeln.

Tagsüber büffelte ich Vokabeln, abends stand ich
mehrmals in der Woche als Oskar Werner auf der

10

Bühne. Ich dachte ständig an Paris, und brachte es tatsächlich fertig, in der »Welt« eine winzige Anzeige zu entdecken, das Angebot eines »Studios« gegenüber dem Elysée.

In den Sommerferien hauste ich also in meinen »nid d'oiseau«, perfektionierte meine Sprachkenntnisse und sah mir mutterseelenallein und völlig ungestört das herrliche Paris an.

Am Abend vorher plante ich meine Marsch- und Besichtigungsrouten, fühlte mich in meinen Entscheidungen herrlich frei und konnte ganz anonym genießen. Entweder trug ich weichgekochte Jeans, oder wickelte mich in lange, selbstentworfene Röcke, für die ich kostbare französische Stoffe erwarb, »Fetzen«, die absolut kein Vermögen kosteten. Denn sonst hätte ich mir angewöhnen müssen, die hypermodischen Auslagen im Sturmschritt zu passieren, wegen der Schwindsucht meines Geldbeutels.

Als ich gerade dabei war, an meinem Briefkasten mein Namensschild provisorisch anzubringen, reichte mir der Briefträger ein großes Kuvert. Es war mein erstes Drehbuch in französischer Sprache, und zwar für den Film »Toto le Héros«. Ich sollte die Jugendliebe des Michel Bouquet spielen, der er erst im Alter wieder begegnet.

»Endlich mal wieder ein herrliches Drehbuch, eine Filmidee, wie sie in Deutschland im Papierkorb landen würde«, dachte ich, auf der Suche nach meiner Rolle im Manuskript. Ebenso wie meine Behausung in Paris, war sie klein, aber sehr, sehr nahe dem Himmel. Eine außergewöhnliche Frauengestalt am Ende des Films.

11

Ich nahm die Rolle an, weil ich überzeugt war von der künstlerischen Qualität dieses Projekts. Der Film »Toto le Héros«, von dem jungen Regisseur Jaco van Dormael, erhielt tatsächlich in Cannes nicht nur die »Goldene Palme«, sondern überall noch viele internationale Auszeichnungen. »Le Figaro« schrieb: »Ein Wunder des Kinos«.

Als ich 1979 »Mein Glashaus« schrieb, war mein Leben so verzweigt, daß mir schien, ich müßte Äste beschneiden oder wieder an den Stamm zurückbinden.

In der Erinnerung konnte ich Salben auf viele Wunden tun, mußte aber auch Narben aufreißen. Die Aufarbeitung meines Lebens war notwendig geworden. Der Selbstanalyse wegen.

Ich suchte Spiegelbilder in meinen Augen, um nicht befürchten zu müssen, von Splittern oder gar Trümmern verletzt zu bleiben. Ich glaube nicht, daß die Zeit Wunden heilt. Das kann nur in Gesprächen geschehen, vor allem in Selbstgesprächen. Gelebtes Leben mit irgend etwas verdrängen zu können, ist für mich Illusion. Das wäre ja auch ganz falsch, es wäre schade darum. Man sollte doch versuchen, daraus etwas zu machen. Manchmal denke ich, das Leben ist eine Übung für den Tod. Wir wissen doch noch gar nicht, was auf uns zukommt. Vielleicht könnten uns dabei die Lebensübungen helfen. Ausweglos wird es nur, wenn Kopf und Herz bis zum Tode nicht im Training bleiben.

Mit dem »Glashaus« habe ich vor allem die entscheidenden Jahre um die 30 bewältigen wollen. Ich glaube, bei jeder Frau sind das die Jahre des ersten Umbruchs. Die Gedanken richten sich mehr in die Zukunft als bisher. In dieser Zeit, also um die Dreißig, hatte ich viel Kraft gebraucht, um mich von einer 11jährigen Gewaltehe zu lösen. Freunde hatten längst festgestellt, daß ich schweigend die Zeit abwartete, bis ich wieder ich selbst sein könnte. Sich gegen die eigene Spontanität aufzulehnen, schnürt die Seele ab, macht krank. Da kam plötzlich das Leben zu Hilfe. Meine große Liebe zu Wolfgang Kieling stellte alle Bedenken in den Schatten. Ich war verletzt gewesen, aber nicht gebrochen. Ich konnte meine Existenz der Waagschale aller Risiken anvertrauen. Damit begann der Kampf um das Sorgerecht meines ersten Kindes, der viele Jahre andauern sollte. Es begann die Flucht, der Ausnahmezustand.

Damit wurde auch die Idee geboren, das »Glashaus«, mein erstes Buch, zu schreiben.

Die Presse schrieb, »*Gisela Uhlens Leben ist ein Roman*«. Eine traurige Erkenntnis, als ich das las. Warum traurig? Mir wurde plötzlich klar, wie gern ich das Schreiben intensiver geübt und vertieft hätte. Anonym, in der Verborgenheit. Oder als Schriftstellerin. Ich meine, unbelastet von dem Namen der Schauspielerin Gisela Uhlen, von der man mehr oder weniger Selbstdarstellungen erwartet oder Decouvrierungen ihres Metiers, schlimmstenfalls Klatsch. Nein, schreiben und sich in andere Menschen, andere Schicksale einzufühlen, so wie ich es auf der Bühne meinen Rol-

13

len abverlange, das wäre die Erfüllung meiner Wünsche gewesen. Wahrheit und Phantasie in eine künstlerische Form zu bringen.

Nun fragt man mich, warum ich dreizehn Jahre lang nicht geschrieben habe. Ich habe geschrieben. Essays und Kurzgeschichten. Ich habe viele Gedichte geschrieben. Ich habe auch mit meinem damaligen Verleger gesprochen. Die Menschen, welche darüber entscheiden, ob etwas gedruckt werden soll oder in einer Schublade schmoren, habe ich zu den Feinden aller Schreiber erklärt. Denen gegenüber blieb ich total uneinsichtig. Zum Beispiel konnte ich mich nicht dazu bereit erklären, ein Buch mit dem Titel »Meine sieben Zwerge« abzuliefern, nur weil ich sechsmal verheiratet war und die Presse behauptete, der siebente Mann sei im Anrollen. Ich habe diese Leute ausgelacht, das wird man mir nie verzeihen. Mit Bettenthüllungen und Kulissenklatsch sollten meine literarischen Ambitionen begraben werden. Als Schauspielerin konnte ich mich redlicher ernähren. Das war's dann wohl!

Nach Erscheinen meines Buches hatte es im Familienkreis so gut wie keine Reaktion gegeben. Man tat geflissentlich so, als habe man noch nicht Zeit gehabt, es zu lesen. Bei meiner Familie sind mir diese Reaktionen nicht unbekannt. Man spricht nicht über meine Auftritte, Erfolge oder Kritiken. Eisiges Schweigen ist hier der Lohn meiner Arbeit. Warum? Man frage mich bitte nach etwas Normalerem. Ich bin daran gewöhnt, nehme es als ein Tabu. Basta.

Wolfgang Kieling soll gesagt haben, das brauche er nicht zu lesen, alles Schwindel. Aber vor seinem Tode schrieb er ein Buch »Stationen«, das wegen seiner Krebserkrankung leider ein Fragment bleiben mußte. Unsere Tochter Susanne hat es dann mit Hilfe unzulänglicher Lektoren versucht, abzuschließen. Und was lese ich da? Fast wörtlich meine eigenen Schilderungen gemeinsamer Erlebnisse. Darüber hinaus aber von Wolfgang Kieling liebevoll kommentiert.

Susanne hatte mein »Glashaus« in irgendeiner Ecke ihres Hauses vergraben. Doch eines Tages kam Herbert Herrmann, ihr Lebensgefährte, zu mir und sagte: »Zufällig gefunden – warum hat sie nie davon erzählt? Ich finde das Buch wunderbar.« Aber auch hierbei hatte ich das Gefühl, daß dies zwar nicht in den Wind, aber hinter vorgehaltener Hand gesprochen wurde. Das hat mich alles sehr traurig gemacht.

Sehr, sehr traurig. Schleierhafte Reaktionen zwingen wohl zum Nachdenken. Aber nur solange das Durchleuchten geliebter Beziehungen diese nicht gefährden. Das Resultat, ein Buch geschrieben zu haben, allein und in mühevoller Arbeit, wurde für mich immer abstrakter.

Die Realität bestand eigentlich nur darin, daß ich einiges Geld mehr verdient hatte und dachte, das könnte mich unabhängiger machen. Aber ein Haus oder eine Eigentumswohnung dafür zu erwerben, darauf kam ich nicht. Nur der Gedanke, ein eigenes Theaterunternehmen zu gründen, ließ mich nicht mehr los. Ein Jahr lang habe ich dann Vorbereitungen

15

für meine Wanderbühne getroffen. Büro, Archiv, Pläne, Verträge, Finanzierungen etc. Wieder eine mühevolle Arbeit.

Die Turbulenz meines Lebens sollte sich nicht ändern. Als Lebensaufgabe sah ich nach wie vor das Theater an. Es war keine plötzliche Laune, ein eigenes Theater zu besitzen, alles alleine zu planen, Spielplan, Besetzung, Prospekte, Programmgestaltung, Plakatentwürfe etc. Es hatte mir schon lange nicht mehr genügt, mich eigentlich nur mehr um die eigene Achse zu drehen für die Interpretation verschiedener, immer wieder neuer Rollen. Vor allem aber fiel es mir schwer, mit ansehen zu müssen, wie das sogenannte Regietheater der letzten Jahre das Publikum immer mehr aus dem Theater hinaustrieb. Immerhin war ich damals schon 40 Jahre dabei. Die Wanderbühne sehe ich also als folgerichtige Konsequenz an. Mein Leben folgte wie immer einem fast animalischen Auf und Ab. Aber auch davon will ich später erzählen.

Jeder Mensch hat in seinem Leben eine bestimmte Funktion zu erfüllen, daran glaube ich. Jeder ist zu irgend etwas aufgerufen, ob er es selbst erkennt oder die anderen. Wenn man an einen künstlerischen Beruf herangeht, kommt es einer Berufung näher, da diese Ambition zwingt, keine andere Wahl zu treffen. Ich sehe jede künstlerische Betätigung als eine heilige Verpflichtung an.

Die Manipulationen des technisierten Erfolgszeitalters aber haben da verheerende Irrtümer mit sich gebracht. Künstlerische Berufe werden häufig von Managertypen besetzt, die keine Berufung in sich tragen, die nur äußerliche Vermarktung anstreben, vor allem kommerziellen Gewinn. Der kulturelle Abstieg ist damit vorprogrammiert. Solche Leute wissen gar nicht, worum es eigentlich geht. Sie haben so wenig Ahnung, daß der Mut sie nicht verläßt, es dennoch zu versuchen. Jemand, der diesem Mißverständnis nicht unterliegt, weiß um seine Verantwortung. Weiß, was für eine Verpflichtung es ist, wie schwierig, wie umfassend. Der bekommt so viele Skrupel, daß ich der Meinung bin, diejenigen, die nicht dazu berufen sind, haben es sogar leichter, sich in künstlerischen Berufen breitzumachen, eventuell sogar erfolgreich zu sein. Heute wird ja Erfolg ständig mit Qualität verwechselt. Qualität und Erfolg haben überhaupt nichts miteinander zu tun. Natürlich kann man versuchen, durch Qualität einen gewissen Erfolg zu garantieren, aber es müssen noch sehr viele andere Dinge hinzukommen. Zum Beispiel, daß die eigene Qualität auch zum richtigen Zeitpunkt eingesetzt und entwickelt wird. Der Zeitpunkt ist wichtig. Dann kommen die Umstände. Man könnte sie Schicksal nennen, es ist aber nichts anderes als der Atem des Lebens. Dieses ständige Ein- und Ausatmen zieht Begegnungen an oder stößt sie ab. Jeder Mensch hat Zeiten des falschen Atmens, in denen er verletzte Fühler nicht ausstrecken will. Doch Introvertiertsein macht unkreativ, mobilisiert Mißverständnisse. Der künstlerische Mensch vor allem braucht Kontakte, muß Widerhall finden, um von innen her zu strahlen.

17

Das Leben des Schauspielers ist von seinem Beruf nicht zu trennen. Schauspieler sein heißt immer totaler Einsatz deines Ichs. Natürlich haben einige weniger Ich einzusetzen als andere. Und irgendwann wird es sich erweisen, wie weit die Ausstrahlung der Persönlichkeit auf der Bühne trägt. Dieser imaginäre Background ist entscheidend. Für einen Beruf, der vom Altern nicht begrenzt wird, so wie das üblicherweise der Fall ist. Hat man zum Beispiel als Generaldirektor alles erreicht und immer wieder dasselbe gemacht, dann ist eben Feierabend. Der Schauspieler macht auch immer wieder dasselbe. Aber er fängt immer wieder bei Null an. Sein Leben lang. Wenn er auch größte Erfolge hinter sich haben sollte, wie will er den Leuten beweisen, daß er gut war – zehn Jahre später. Schön, durch neue Medien kann man jetzt aufzeichnen und auch mehr nachweisen als früher, aber entscheidend bleibt doch immer der Augenblick des ersten lebendigen Auftrittes vor dem Publikum.

Ich wurde oft gefragt, ob ich mich bereits als Kind berufen fühlte, Schauspielerin zu werden. Nun, ich will das mal nicht so extravagant hinstellen. Es handelt sich ja um keinen bewußten Prozeß, schon gar nicht im Kindesalter. Und trotzdem war es wohl schlicht eine Berufung. Denn ich kam überhaupt nicht auf die Idee, irgend etwas anderes zu machen. Schon als Kind nicht. Er ist auch irgendwie ein Fluch, dieser Zwang.

Ich lebte bereits im Untergrund. Ich habe meine Eltern vor mir gesehen und mir gesagt, sowas will ich für mein Leben nicht. Das war ganz früh. Ich reagierte total kontra und war total einsam. Ein paar Male habe ich mich noch eingemischt und gesagt, jetzt haltet mal den Mund oder so ähnlich. Dann wurde ich verprügelt von meinem Vater, als ich fünf, sechs oder sieben Jahre alt war. Mit der Reitpeitsche. Ich bin so verprügelt worden, daß ich oft nicht zur Schule gehen konnte. Ich mußte auf dem Bauch liegen bleiben, weil der Rücken von den Striemen ganz offen war. Und da fing ich an, mich von den Menschen um mich herum zurückzuziehen.

Ich stand schon als Kind an der Wand, habe immer nur geguckt, mit Riesenaugen. Die Erwachsenen wurden davon unsicher, warum wußte ich nicht. Sie begannen an sich herumzunesteln, nur weil ich gestaunt und gestarrt habe. Ich registrierte damals schon den Kontrast älterer Hände zu jüngeren Gesichtern. Habe erkannt, daß die Bewegungen der Erwachsenen häufig ins Leere gehen. Habe mir gedacht, wie ist das passiert, was sind das für Menschen? Meine Mutter mußte mich oft von ihnen wegziehen, weil die Erwachsenen sagten: »Können Sie dem Kind nicht sagen, es soll nicht so gucken?« Sie waren nervös.

Aber ich blieb mit meinen Blicken hängen. Ich habe mich aufgefüllt. Ja, ich habe mich aufgefüllt, mich – für meinen Beruf, für mein späteres Leben. Ich ahnte, dieses Reservoir zu brauchen, um Schauspielerin zu werden. Ja, die Menschen kamen mir vor, als würden sie Rollen spielen. Es war eine Personifizierung meiner Umwelt, die aus mir heraus entstand. Genauso, wie ich

19

es später als Werkzeug brauchte. Als Handwerk für meinen Beruf. Das Leben war für mich bereits, ohne zu wissen warum, eine Bühne.

Ich habe mir die Leute immer angeguckt, nicht gedacht, der ist so, nein, ich habe den so ausgestellt wie eine Figur. Eigentlich waren alle Menschen, die mir begegnet sind, in Gänsefüßchen. Verdoppelt, in ihre und meine Existenz.

Und dann wollte ich sie nachspielen, ein folgerichtiger Gedanke. Ein Vorgang, der natürlich auch eine gewisse Tragödie in sich barg, und zwar bei geringsten Anlässen. Ich habe selten Liebe als Wärme empfunden und als Umarmung angenommen. Habe gedacht, ach, so ist das also. In der Erwachsenensprache würde man sagen, ich hätte die reale Existenz der Menschen um mich herum abstrahiert. Doch habe ich natürlich auch gesehen, wie sie wirklich sind. Also, ich habe ihnen das schon geglaubt. »So sind sie«, habe ich gedacht, »aber so muß ich das dann auch spielen«. Ich habe sie in ein Schubfach getan. Diese Art der Verhaltensweise oder jene Art der Reaktion. Auf diese Weise habe ich sehr früh Material zusammenbekommen, das mit der Zeit immer reicher und reicher wurde. Wenn ich heute irgendeine Situation auf der Bühne zu spielen habe, irgendeine Situation der Freude, der Erschütterung, des Leids, egal welche, dann verfüge ich über zig Beispiele aus meinem Leben, die mir alle im Gedächtnis geblieben sind, die mir nun auf der Bühne zur Verfügung stehen. Wenn ich an einer Rolle arbeite, versuche ich zum Beispiel aus meinem Leben Situationen zu rekonstruieren, die spezifisch dafür sind, wie sie gespielt werden müssen. Ich könnte schauspielerisch überhaupt nicht arbeiten ohne diese innere Retrospektive.

Sicherlich ist es kein Zufall gewesen, daß ich zunächst nur tanzte. Vielleicht hat es aber auch mit meiner Mutter zu tun. Sie kam aus einem großbürgerlichen Hause, war mit einem Opernsänger ausgerissen. In dieser Zeit total unkonventionell, abseits der Gesellschaft. Für sich selbst mußte sie dieses Unkonventionelle begraben. Ob sie Talent hatte oder nicht, das weiß kein Mensch.

Vielleicht war sie begabter als ich, vielleicht war sie ein Genie. Auf jeden Fall hat sie alles zugedeckt und begraben, weil sie wußte, in ihrer Generation tut das eine Frau nicht. Da geht man nicht auf die Bühne und prostituiert sich. Und da war ja auch ihr Mann, der dominierende Opernsänger. Vielleicht hat sie das alles an mich weitergeben wollen, denn sie war bereit, mich schon als Kind zu fördern. Ich tanzte ständig durch die Wohnung und machte dann irgendwelche verrückte Sachen. Da hat sie sicher gedacht, was ist denn mit dem Kind los? Aber sie hat dem keinen Riegel vorgeschoben, im Gegenteil. Sie hat mir von Mary Wigman erzählt und von ihren Tanzschulen in Dresden und Leipzig. Die Wigman kam zweimal in der Woche, um sich den Unterricht anzuschauen. »Willst du da mitmachen?« fragte meine Mutter. Natürlich wollte ich. Ich war gerade mal fünf Jahre alt.

Und dann passierte etwas Schreckliches. Wir machten Ausdrucksstudien im Kinderkurs, so wie das bei der Wigman üblich war. Jetzt tanzt du mal »Spielen« – und ich tanzte »den-Ball-werfen«, ihn wieder auffangen, lachen, sich freuen, also spielen. Oder tanzt mal: »die Mutter ist böse«. Das habe ich dann auch gemacht. Und alle Kinder machten das ganz süß. Aber so, wie ich es machte, sollte das verheerende Folgen haben. Meine Mutter wurde gerufen, Mary Wigman nahm sie ins Gebet und sagte »Gisela können wir nicht mehr im Kinderkurs lassen.« – »Wieso denn nicht? Ist sie nicht gut, was macht sie, kommt sie nicht mit?« – »Doch, sie ist immer da, aber sie tanzt so exzentrische Sachen, daß die anderen Kinder anfangen zu schreien und zu heulen.« Also: ich tanzte plötzlich »Teufel« und ging auf die los, daß sie die Flucht ergriffen, oder so ähnlich.

Mary Wigman hatte sich heimlich dazugesetzt und sich das angesehen. Ich sagte, jetzt will ich was Trauriges tanzen, »Trauer« will ich tanzen. Oder »Beerdigung« oder »einer ist tot«. Und dann soll ich getanzt haben, daß die Wigman geheult hat. Ihr ist angst und bange geworden. Und da haben sie beschlossen, mich rauszunehmen aus diesem Kursus, um die anderen Kinder nicht zu gefährden in ihrem seelischen Gleichgewicht. Ich hatte mit fünf Jahren begonnen und mußte dann mit sieben aus dieser Klasse, weil ich der Buhmann geworden war. Sie haben mich in den Erwachsenenkurs für Ausdruckstanz gesteckt. Einige haben gesagt, man solle das lassen. Natürlich hat man mich gefragt, was ich davon halten würde, nicht mehr bei den Kindern zu sein. Und da habe ich gesagt:

22

»Ach, die sind blöde. Warum weinen die denn, wenn ich tanze? Trauer ist doch schön, schreien tut doch gut.« Dann kam ich eben mit sieben Jahren in den Erwachsenenkurs. Das heißt, da waren junge Mädchen, die tanzten den Tanz an die Freude, Tanz an den lieben Gott, was weiß ich. Und da tanzte ich mit, hüpfte herum.

Das meine ich mit »Berufung«: Keinen bewußten Vorgang, dieses oder jenes machen zu wollen. Nein, alles entwickelte sich aus dem Unterbewußtsein, wie von selbst. Weil ich so war. Man hatte mich einmal als Kind gefragt, was ich werden wollte. »Seiltänzerin oder Missionarin«, habe ich gesagt. Ich habe nicht gesagt, Schauspielerin. Das ist eigentlich ganz bezeichnend. Ich bin genau das geworden: Seiltänzerin – das Risiko. Mein Leben ist ein Seiltanz geblieben. Missionarin – naja. Wenn man darunter das Ausleben einer Berufung versteht...

Ich bin schließlich zum klassischen Ballett übergewechselt, kam auf die Schule von Victor Gsovsky, der später nach Paris ging.

Im Ausklang einer Pirouette verspürte ich aber plötzlich das Bedürfnis, ein Wort oder einen Satz sagen zu wollen. Wenn ich lustige Melodien tanzte, wollte ich dazu lachen oder singen. Bei einem Wirbel schreien. Aber da hätte man mich ja glatt eingesperrt! Doch auch diesmal wollte ich keinen rationalen Entschluß fassen, sondern wußte einfach: ich werde Schauspielerin. Dieser Idee bin ich dann mit aller Konsequenz und Energie gefolgt. Insgeheim machte ich

23

schon kleine Übungen, um damit die Wirkung auf Erwachsene zu testen.

In einem meiner liebsten Kinderbücher war ein Herr Hannemann der absolute Hauptdarsteller. Heute würde ich ihn eine skurrile Charge nennen. Ständig schleppte er ein riesiges, altmodisches Hörrohr mit sich herum, sonst hätte er kein Wort verstehen können. Aber trotzdem gab es die blödsinnigsten Mißverständnisse. Vielleicht war er sogar eine tragische Gestalt, über die ich als Kind lachen konnte, gewissermaßen eine Chaplin-Figur. Ich konnte auch nie ganz glauben, daß er überhaupt nichts hörte. Er ließ sich wohl einfach nicht aus seiner Gedankenwelt vertreiben. Höchstens dann, wenn es ihm Spaß machte. Das imponierte mir sehr. Wenn ich also Befehle, Vorwürfe oder gar Tadel der Erwachsenen ablehnte, spielte ich »Hannemann«. Ich stellte mich taub. Ich war »Frau Hannemann«.

Und es vollzog sich ein geheimnisvolles Wunder: ich konnte mit einem Male tatsächlich nichts mehr hören. Niemand konnte mich stören. Ein Rückzug in meine kindliche Welt – eine beglückende Isolation.

Viele Jahre später sollte ich leibhaftig einer Frau Hannemann begegnen. In der Boulevard-Komödie »Die Kinder Edouards« von Sauvajon hatte ich im luxuriösen Salon der Villa nicht nur eine zahlreiche Familie, sondern auch noch einige an- und abreisende, ehemalige Liebhaber zu verkraften. Die Mitte des Bühnenbildes zierte im Hintergrund eine gläserne Flügeltür. Mit deren Hilfe ließen sich die Auftritte hervorragend steigern, indem sie szenenapplausreif hinter den pointenreichen Abgängen zusammenschlug. Solche Flügeltüren sind bei Schauspielern ebenso beliebt wie Treppen, auf denen man majestätisch schreiten, bedeutsam stehenbleiben, rasant verschwinden oder gar stolpern kann. Es ist ein Hochgenuß, die Dialoge derart zu akzentuieren!

Als Frau des Hauses hatte ich ein Faktotum zur Seite, eine Wirtschafterin, die von einer alten Schauspielerin verkörpert wurde. Wenn ihr der Regisseur auf der Probe ein Kompliment gönnte, strahlte sie über das ganze Gesicht. Sobald er ihr aber Vorschriften machen wollte, wie ihre Rolle zu spielen sei, schien sie taub und tat nur das, was sie offensichtlich akzeptierte. Selbst ihrem Humor waren ganz plötzlich Grenzen gesetzt, die ihr das Gehör vorschrieb. Beim ersten Auftritt kam sie wie selbstverständlich aus der mittleren Flügeltür auf die Bühne. Sofort unterbrach der Regisseur: »Nein, um Gottes Willen! Dieser Auftritt ist doch nicht für Sie bestimmt! Sie kommen seitlich von links aus der Küche. Sie können doch nicht in der Schürze von der Straße kommen!« Die alte Dame nickte stumm, huschte ab, blieb für kurze Zeit verschwunden. Dann kam sie erneut von der Mitte der Bühne aus der Flügeltür. Dieses Proben-Schauspiel wiederholte sich einige Male, bis der Regisseur, kurzatmig geworden und sich die Haare raufend, im Parkett zusammensank. Er kapitulierte schließlich weinerlich vor der Schwerhörigkeit der alten Dame.

Nach der Probe wollte ich zusammen mit der liebenswerten alten Kollegin eine Kleinigkeit essen gehen. Kaum hatte sich die Bühnenpforte hinter uns geschlossen, verkündete sie lautstark: »Ha! Was denkt dieser Herr Regisseur eigentlich von mir! Niemals werde ich aus der Seitengasse kommen! Seit vierundvierzig Jahre trete ich stets aus der Mitte auf!«

Ich dachte an Hannemann, und hüllte mich in tiefes Schweigen.

2
Ein
verlorenes, verlassenes
Kind

Es kam der Zeitpunkt, da meine Eltern überhaupt
nichts mehr mit mir anzufangen wußten. Meine fünf-
zehn und sechzehn Jahre älteren Geschwister waren
bereits aus dem Hause. Der Bruder auf strenges Ge-
heiß des Vaters beim Militär, um dort eine Laufbahn
anzustreben. Meine große Schwester verlobt mit dem
Sohn eines begüterten Leipziger Bauunternehmers.
Meiner fünf Jahre älteren Schwester Beatrice hatte
man auf dem Marktplatz zu Leipzig die Haare abra-
sieren wollen. Sie floh mit ihrer großen Liebe, einem
lieben Jungen aus jüdischer Familie, ins Ausland. Ich
blieb zurück, ein verlorenes, verlassenes Kind, inmitten verzweifelter, viel zu alter Eltern.

Ein Ballettmeister hatte mich verführt, er schenkte
mir Aufmerksamkeit und etwas Wärme. Doch nie
wäre ich auf die Idee gekommen, über die Schrecken
meiner ersten Erfahrungen zu klagen. Ich ließ über
mich ergehen oder wehrte ab, immer das einzige Ziel
vor Augen: die Bühne. Mit dem Ballettmeister tanzte
ich am Opernhaus in Hannover, dann verschwand ich
sehr bald bei Nacht und Nebel nach Berlin.

Am ersten Morgen stand ich dort auf dem Gendarmenmarkt vor den geheiligten Staatstheatern: Vorsprechen beim Generalintendanten Gustaf Gründgens.

Die große Lucie Höflich war Leiterin der Staatlichen Schauspielschule. Irgendwie schmuggelte ich mich an bürokratischen Fragen, Aufnahmeformularen usw. vorbei. Ich war eine der ersten, die vorsprechen durften. Natürlich das Gretchen in Goethes »Faust I«. In der großen Dom-Szene hatte ich darauf bestanden, den »Bösen Geist« (gewöhnlich von einem sonoren Charakterdarsteller gesprochen) selbst mitzuspielen, als innere Stimme meines Gewissens. Die Höflich kam danach sofort zu mir: »Kind, warte in meinem Zimmer, bei dir geht das in Ordnung, du bist aufgenommen.«

Ich wartete wie im Taumel. Geschafft! Dann aber kam das dicke Ende. »Was, du bist noch nicht 16? Das ist gegen die Vorschrift, dann müssen wir die 5 Monate abwarten, bis zu deinem Geburtstag. Das heißt, du kannst erst im nächsten Jahr in die Anfängerklasse.« Sofort packte mich eine heilige Wut. Begabt, aber zu jung? Vorschriften wie beim Arbeitsamt sollten mir im Wege stehen? Ich hatte mich in der Höflich getäuscht, wurde wieder einmal allein gelassen.

Wovon sollte ich leben? Wenig zu essen hatte ich sowieso – aber ohne ein Ziel? Ich mußte es durchstehen. 50 RM mußten ausreichen, die schickte mir monatlich der Herr aus Hannover, nebst brieflicher Aufforderung, sofort zurückzukehren.

Im »Glashaus« habe ich alle folgenden Stationen ge-

28

schildert. Zunächst die private Schauspielschule, die ich mir damit verdiente, für die anderen Schüler zu kochen. Davon hatte ich nicht die geringste Ahnung, aber ich lernte sehr schnell Eintöpfe zu erfinden, auch zu waschen und zu nähen. Es gibt nichts, was man nicht kann, man muß es einfach nur machen. Das ist übrigens die beste Voraussetzung, wenn man Theater machen will. Aber nach Meinung der anderen Schüler würde ich dort wohl kaum landen, ich »bürgerliche Haushaltskuh«. Die legten alle die Hände in den Schoß, schauten mir zu und mimten »Genialsein«.

Ich war die erste, die vorzeitig von der Schule weg-engagiert wurde. Die nach wenigen Monaten in Berlin zur sogenannten Schauspieler-Elite gehörte, auf der Bühne und im Film.

»Ein Stern ist geboren« schrieben nach amerikanischem Muster die Berliner Zeitungen am Morgen nach meiner ersten Filmpremiere »Annemarie«. Ich aber getraute mich in Lokalen kaum aufs Klo zu gehen. Machte lieber in die Hose, als mich dort neugierigen Blicken auszusetzen. Mit meinen siebzehn Jahren hatte ich viel zu rasant Karriere gemacht, veranstaltete privater Art Dinge, die ich später nicht mehr begriff. Ich wurde menschenscheu und depressiv. Ich kannte nur Arbeit, Arbeit, Disziplin und kein Pardon bei der Kritik meiner schauspielerischen Leistung, obwohl ich eigentlich doch noch Anfängerin war. Außerhalb des Berufes blieb ich mir selbst überlassen, wünschte sogar zu sterben, aus Angst, nicht alles zu schaffen. Dabei waren alle so nett zu mir, besonders die Männer, die sich die Kleine unter den Nagel reißen wollten. Wie konnte ich das alles unbeschadet überstehen! Niemand paßte auf mich auf, niemand wollte das »berühmte Kind« behüten. Ich schlug mich alleine durch, im wahrsten Sinne des Wortes.

Nur beruflich fühlte ich mich nie ausgenutzt, allerdings bis zum letzten gefordert. Aber das war gerade das, was ich wollte. Wenn ich einmal abends nicht bis 23 Uhr auf der Bühne stand, sondern der UFA-Wagen mich erst am nächsten Morgen zu Dreharbeiten abholte, nahm ich aus Angst vor der langen Nacht soviele Schlafmittel, wie ich verkraften konnte, um morgens wieder zu erwachen. Ferien kannte ich nie, meine Ferien waren strapaziöse Außenaufnahmen zu irgendeinem Film.

Bei den vielen Angeboten konnte ich jetzt selbst entscheiden, welche Filme ich drehen wollte. Meine persönliche Wahl traf auf anspruchsvolle, meist dramatische Rollen, nicht auf seichte Unterhaltung. Auf der Bühne des Berliner Schiller-Theaters war ich Partnerin von Heinrich George, Horst Caspar und Paul Wegener in »Kabale und Liebe«. Mit dieser Aufführung gastierten wir später auch in Paris an der »Comédie Française«. Dann bekam ich die erste Charakterrolle in Selma Lagerlöfs »Kaiser von Portugallien«. Heinrich George als Kaiser, ich als dessen Tochter, Clara Fina, die später in der Stadt zur Bordellmutter avanciert. Eine Charakterrolle mit großer Entwicklung wurde mir da bereits abverlangt.

In den Filmen war ich Partnerin von Emil Jannings, Werner Krauß, Gustaf Gründgens und anderen. Die Partnerin von Gründgens zu sein war für mich so etwas wie eine Genugtuung (ich hasse dieses Wort, weil es später ständig in Adenauers Munde Bedeutung erlangen sollte). Natürlich habe ich Gründgens nie gesagt, daß ich vor gar nicht langer Zeit an seiner Schauspielschule abgewiesen worden war, dazu war ich viel zu stolz. Zu »klein« befunden, aber nun bereits schauspielerisch anerkannt als seine Liebhaberin in dem Film »Tanz auf dem Vulkan«. Gegen Vorurteile anzugehen, das war für mich das Schönste! Mir wurden also immer die heiklen Rollen angeboten, die vollen Einsatz abverlangten und mit allen Risiken verbunden waren. Wie hätte ich damals ahnen können, daß viele, viele Jahre später genau diese Filme bei UFA-Retrospektiven fast ausnahmslos nicht im Fernsehen gezeigt werden, sondern nur die üblichen UFA-Schnulzen.

Ich lebte nur im Theater. Politisches Denken war mir total fremd. Als die Nazis ans Ruder kamen, war ich vierzehn. Die Welt kannte ich nicht. Totalitäre Staaten gehen mit denkenden Menschen geschickt um, sie geben Künstlern einen Extrastatus der ausnahmslosen Anerkennung, damit sie nicht genügend Distanz bekommen, um zu Kritikern zu werden. Deshalb wurden auch wir von durchsickernden Nachrichten der Emigranten abgeschirmt, oder es wurden riesige Lügengebäude um uns herum aufgebaut. Fernsehinformationen gab es ja noch nicht, die Presse war zensiert.

Gleiches habe ich später in der DDR erlebt, nur war ich damals reifer, längst ein gebranntes Kind, ich konnte mir meinen persönlichen Reim machen.

Als der Krieg begann, wurde bei der UFA offensichtlich, daß die Unterhaltungsbranche die Aufgabe hatte, mit Bla-Bla-Filmen abzulenken, oder mit sogenanntem Durchhalteschwachsinn. Aber genau dies konfrontierte mich viel weniger als die meisten Kollegen. Mein Sonderstatus bei der UFA war, mit extrem problematischen Rollen eingedeckt zu werden, die von der sonst verbreiteten Ideologie sogar abwichen. Es waren meist klassische Roman- oder Novellenverfilmungen aus einer anderen Zeit. Mein erster Film »Annemarie« wurde allerdings nach einem Jahr abgesetzt. Er spielte im 1. Weltkrieg und es fielen Sätze wie: »Sterben ist bitter, auch fürs Vaterland.« Das paßte schon nicht mehr in das Nazi-Konzept, kurz vor dem Ausbruch des nächsten Krieges.

Hinzu kam, daß diese typischen Nazicharaktere unter Künstlern eigentlich kaum zu erkennen waren, ebenso nicht die versteckten hundertprozentigen Parteimitglieder, die miesen Denunzianten von nebenan. Höchstens der Blockwart des Theaters kam mal vorbei, wenn Fliegeralarm gewesen war, und man bekam einen Anschiß, daß man irgend etwas nicht beachtet hatte.

Im Ensemble sprach man nicht über Hitler oder Goebbels; das war wie ein Tabu. Das lief eher über private Kontakte, wenn man unter sich war, und doch mußte man stets vorsichtig sein. Ich selbst habe mich nur selten provokant verhalten. Ich war viel zu sehr mit meinen Rollen beschäftigt, reagierte aber doch auf trotzige kindliche Art bei irgendwelchen aktuellen Anlässen. Das hätte ausreichen können, um mich zu denunzieren, aber ich hatte einen Freund, von dem ich damals noch gar nicht wußte, daß er mein Freund war: Karl Meixner, ein älterer Schauspieler, er spielte in »Kabale und Liebe« den Wurm, war mein anonymer Schutzengel. Als alter Kommunist und prominentes Mitglied der Untergrundbewegung hat er mich unmerklich davor bewahrt, irgendwelche Dummheiten zu machen. Doch davon erfuhr ich erst Ende des Krieges.

Immer ist der Einzelne der Leidtragende, dessen Leben in irgendeiner Form angeknackst oder gar zerstört wird, als Opfer verbrecherischer Politik. Ich rede nicht nur von den unglaublichen Verbrechen der Nazis, sondern von aller Macht der Politik, die Leben zerstört. Immer und immer wieder.

Ich meine, solche wie die »Schönhubers« schaffen es nicht so leicht. Aber da kann schnell etwas anderes kommen, das kriegen wir gar nicht mit, so schnell geht das. Die Lücke ist auf jeden Fall da, und sie wird geschlossen werden. Auf ähnliche Art. Schrecklich. Denn der Überfluß wird zusammenbrechen, muß zusammenbrechen, das ist gut so. Eine notwendige Veränderung, die kommen muß und auch zum richtigen Zeitpunkt. Aber ich weiß nicht, wie die Menschen reagieren werden, wenn sie plötzlich nicht mehr alles fressen können, was sie wollen.

Das macht mir angst, diese ganze Entwicklung.

Schreckliche Angst. Und es macht mich wahnsinnig traurig. Nicht nur wegen meiner Kinder, die ja jetzt bereits erwachsen sind. Nein, wenn ich an meine Enkel denke, da könnte ich heulen. Die sind ja heute so entzückend, und aus denen kann man noch alles machen. Und ich bin doch nicht so blöd, nicht zu wissen, was in dieser Welt, die jetzt auf uns zukommt, mit diesen entzückenden Kindern passiert. Die werden dann zu dieser entsetzlichen Gesellschaft gehören.

Und da bin ich beinahe froh, daß wir nicht ewig leben, denn das könnte man kaum ertragen. Wenn man noch Vergleiche hat, aus der Erinnerung den großen Bogen schlagen kann, denke ich, was für ein Glück ist das! Ich verstehe die Skrupel derer, die sich fragen: »Ein Kind in diese Welt?« Und dann ist plötzlich ein Kind da, und diese Menschen, die diese Überlegungen hinter sich haben, praktizieren es doch ganz anders, werden großartige Mütter und Väter.

Wenn ich an Kinder denke, fällt mir eine an sich blödsinnige Geschichte ein:

Ich suchte einmal eine neue Wohnung für mein Engagement in Hamburg. Eine Wohnung, in der man die Stille hören kann. Ab und zu das Geräusch aufspritzender Wellen von vorüberziehenden Schiffen, vielleicht auch einmal in nebliger Nacht Warnsignale – das sollte angeblich die einzige Geräuschkulisse sein.

»Was ist das« fragte ich die Vermieterin.

»Was meinen Sie eigentlich, was meinen Sie?«

Verwundert zog sie die Schultern hoch.

Der beruhigend weite Ausblick über die Elbe konnte den Trübsinn des typischen Hamburger Nieselwetters nicht abschwächen. Aber dazu noch diese ständigen Böllerschüsse! Sie erinnerten mich an Fliegerabwehrgeschütze oder Artilleriegeschosse von der entfernten Front. Visionen des Krieges.

Ich stand auf. »Schade.«

»Wieso schade?« fragte die Frau. An der Tür drehte ich mich um: »Wenn Sie diese Kanonaden nicht hören, ist es für mich zwecklos zu erklären, warum ich hier niemals wohnen werde.«

Die runzligen Hände fuhren an ihre Lippen. »Meinen Sie die Schüsse vom Alten Land drüben?«

Ich wurde ungeduldig: »Mir ist es doch egal, aus welcher Ecke hier geschossen wird.«

Die Frau beeilte sich zu sagen: »Das ist nicht immer so, wissen Sie. Aber jetzt reifen die Kirschen, die Bauern haben zu wenig Leute, um sie von den Bäumen zu holen.«

»Aber dann könnten doch die Kinder sich die Kirschen holen!«

Ich war ziemlich verärgert.

»Um Gottes Willen, nein!« Die Frau reagierte panisch. »Das wäre doch lebensgefährlich. Sehen Sie: früher spannten die Bauern große Netze über die Baumkronen, damit nicht alle Früchte von den Vögeln gestohlen werden. Aber auch für diese Arbeit fehlen heute die Hilfskräfte. Damit nun das Obst an den Bäumen hängen bleibt, sind ringsumher auf den Feldern riesige Selbstschußanlagen aufgebaut worden. Alle Vögel werden damit in die Flucht geschlagen. Und die Kinder können nun auch nicht mehr kommen. Das Obst muß an den Zweigen verfaulen, der Selbstschüsse wegen.«

»Selbstschüsse!« hatte die Frau gesagt.

Ich ging.

3
Dann
ist die Gewalt
im Ankommen

Wenn ich vom Überfluß gesprochen habe, meine ich nicht Wohlstand. Man muß einen Unterschied machen. Bei meinen Großeltern, Ende des letzten Jahrhunderts, hat es ja auch Wohlstand gegeben, sicher nicht für alle. Aber es gab keinen allgemeinen Überfluß. Diese Frühstücksbuffets heute in den Hotels –, mir wird schlecht davon. Wenn ich schon morgens Sekt und Kaviar sehe, meinetwegen noch Ölsardinen, Gebratenes, Pilze, alles… das ist ja nur noch ekelhaft. Da denke ich an die, die nichts haben auf dieser Welt. So muß man nicht fressen! Und ich beobachte mal wieder die Menschen – ich habe diese Gabe nie abgelegt seit meiner Kindheit –, wie die das machen, diese Geldmenschen. Die suchen nicht, die greifen blind, sammeln, raffen, alles auf einen Teller, ganze Berge. Und ich frage mich, will der wirklich noch ein paar Jahre früher sterben, so fett wie der bereits ist? Was soll das? Das ist eine Generation, die braucht alles »satt«. So wie man das heute auch auf das kulturelle Leben überträgt. Heute gab es im Fernsehen »Action satt«, wie die jungen Leute sagen. »Satt« – ein Slogan fürs

Leben. Da steckt so viel Brutalität in der Verwendung dieses Wortes, das man eigentlich doch nur benutzen kann, wenn man genug hat, um aufhören zu können. Aber heute benutzt man diesen Ausdruck, wenn es immer weitergehen soll, egal, ob man platzt oder tot umfällt. Das ist selbstzerstörerisch, phantasielos und brutal. Aber wehe, dieses Lebensgefühl – das ja im Grunde gar kein Gefühl ist – wird bedroht!

Nach der sogenannten Wiedervereinigung grassiert die Angst, überträgt sich auf die Massen: »Du frißt mir die Wurst weg«. Die fangen doch schon an, sich deswegen die Köpfe einzuschlagen. Natürlich sind zuerst die Schwachen, die Minderheiten, betroffen. Wenn ich Asylant wäre, ja, auch wenn ich Jude wäre, würde ich nicht mehr in Deutschland bleiben wollen. Ich finde es gar nicht so witzig, sich abschlachten zu lassen. Man kann die breite Masse verführen. Nicht erst seit Hitlers Zeiten weiß man davon. Politisch kann man sie verführen, natürlich auch in kulturellen Bereichen.

Das, womit wir es jetzt zu tun haben, mit all seinen Wirkungen auf das kulturelle Leben, auf das Theater, den Film, das Fernsehen natürlich, resultiert daraus, daß sich die Schere zwischen Wachstum, zwischen Erfolg und Qualität – der künstlerischen wie der Lebensqualität – daß sich diese Schere immer weiter öffnet. Freßwellen, Unkultur in den Medien usw. – dieses profane Rezept wird rasch zur Gewöhnung. Nachdenken, differenzieren ist unbequem geworden, Ambivalentes stört. Das Ungewöhnliche wird aus den Lebensräumen verscheucht, der Horizont verengt sich. Die Kultur verfällt. Zuerst verroht die Sprache, dann folgen Taten. So ist das. Wenn man den Sprachschatz der Kinder hört, ist noch alles erfinderisch, neu, einmalig. Einige Jahre Fernsehen reichen aus, alles einzuebnen, alles über einen Kamm zu scheren. Wenn sie dann erwachsen sind, stecken alle in den gleichen Jeans, haben dieselben Strubbelköppe oder Stifte-Haare oder Glatzen und man sagt sich: wie schrecklich!

Es gibt ja in dieser Gesellschaft kaum mehr Alternativen. Nur das Geld, das schnelle Auto, die Eigentumswohnung, die Designer-Klamotten. Das Geld so extrem in den Mittelpunkt zu stellen, bedeutet eine schreckliche Auflösung aller ethischen Werte, Prinzipien, Wünsche und Sehnsüchte. Geld haben – »satt«. Und dann die totale Ratlosigkeit, Hilflosigkeit, sonst funktioniert doch fast nichts mehr. Aber das Mißtrauen, das überwiegt. Und dann die Politik: reif für den Messias. Wer das nun wieder sein wird, steht noch in den Sternen geschrieben. Aber daß dann wieder alle wie die Fliegen kleben bleiben und sagen: das könnte die Lösung sein – schrecklich.

Wen erstaunt es noch, wenn die Menschen ohne Skrupel sind? Im Gegenteil! Jeder ist überrascht, wenn da plötzlich ein lieber, anständiger Mensch auftaucht. Meine ständigen Beobachtungen machen traurig.

Einmal belehrte mich meine Vermieterin: »Der ist pleite. Der muß raus, raus aus seinem Haus.« Sie meinte den Herrn von nebenan. Er hatte sein Haus an der exklusiven Hamburger Elbchaussee. Dort, wo die Grundstücke mit zu den teuersten auf dem gesamten europäischen Immobilienmarkt zählen. Ich stellte mir den alten, freundlichen Herrn wieder vor, so, wie ich ihn kennengelernt hatte: »Seit wann bewohnt er dieses Haus?« Die Dame sichtlich belustigt: »Ach, sein Leben lang.«

Ein Loch, ich sehe ein Loch vor mir. Ein Mensch fällt hinein, er verschwindet. Klappe zu!

Vor vielen Monaten wollte er mir unbedingt sein Haus zeigen, er ging voran: »Ein Leben lang habe ich gesammelt. Meine vielen Bücher, die alten Kacheln für den Ofen, die antike Reliefplatte davor. Nach jeder Geschäftsreise habe ich meiner Frau etwas mitgebracht. Setzen Sie sich doch. Ein Glas Wein? Nur einen Augenblick.« Ich sah mich um. Hier war alles friedlich – wie aus der Zeit entlassen. Ich dachte an meine Eltern, an unser Haus, das im Krieg zu Asche geworden war, mit dem mich nichts verbunden hatte. Er kam zurück, brachte hauchzarte Gläser mit: »Aus London. Ist der Wein nicht köstlich?« Er begann weiterzuerzählen: »Meine verstorbene Frau und ich, wir haben unser Haus kaum verlassen. Selten gab es Streit oder ein böses Wort. Das ist heute überall anders, nicht wahr? Ich gehe manchmal noch ins Kino. Vor vielen, vielen Jahren besuchten wir nur das Theater, aber alles ist so anders geworden, auch das Theater. Das Theater ist abschreckend!«

Der Gobelin-Sessel unter mir war plötzlich riesengroß. Ich sah mich vor einem Spiegel darin sitzen. Im Vergleich zu ihm war ich winzig klein. Ich erinnerte mich, so etwas früher schon einmal in einem heiteren Film gesehen zu haben. Ich glaube, mit Heinz Rühmann. Ein Mensch, der im Raum versinkt, weil alles um ihn herum auf eigene Unzulänglichkeiten hinweist. Warum überfiel mich jetzt dieses Trauma?

Ich versuchte, fliehenden Gedanken zu folgen. »So ist das! Zwangsläufig verliert man Schritt für Schritt ein Stück an Boden, der einem längst nicht mehr gehört. Der Blick zurück ist wie ein Sog. Alte Sehnsüchte klammern sich an, trüben die Sicht auf die Zukunft. Das Leben entbindet nicht. Aber was entgleitet, wird fremd. Unendliche Mühe kostet es, überhaupt noch zu erkennen.«

Von großer Eile sprach ich plötzlich. Ich wehrte mich dagegen, im Gestern zu versinken. Der alte Herr begleitete mich bis zum Portal aus schwerer, dunkler Eiche. Ich spürte im Rücken, wie er mir nachschaute. »Seltsam«, dachte ich, »wie die Menschen ihre eigenen Wände durchschreiten können, um sich dann dahinter ganz zu verlieren!«

Das imaginäre Loch schüttete ich wieder zu. Fest entschlossen, mich nicht mehr mit dem Schicksal des alten Herrn zu befassen. Was ging er mich eigentlich an!

Es muß doch eine Chance geben, diese Negativ-Phase, die Selbstvernichtungswelle zu stoppen. Wenn ich daran nicht glauben würde, könnte ich dieses Buch nicht schreiben. Ich denke immer wieder an die Kinder, mit welcher Kraft und Energie die sich ins Leben schleudern, jedoch an Phantasie, Entzücken und Kreativität jeden Tag verlieren müssen. Ihre Tage werden durch äußere Ereignisse versaut. Wenn so ein

Kind zum Beispiel eine Bundestagsdebatte sieht oder hört, dann muß es doch fragen: »Was ist das denn?« Da verliert sich schon ein Stück Beziehung zu seinen Eltern. Zur Welt, wie sie sein könnte, aber eben nicht ist.

Bedauernswerterweise tun wir alles, um in einer Epoche des Ausweglosen zu leben, in jeder Beziehung. In der Beziehung der Menschen untereinander, in der Beziehung der Menschen zur Natur.

Es schlägt schon jetzt alles zurück. Nicht nur, daß die Bäume absterben, auch die Tiere entwickeln Aggressionen, die vollkommen neu sind. Scharen von Krähen versammeln sich auf den Bäumen, warten ab, um dann plötzlich wie eine schwarze Hitchcock-Wolke auf die Erde herunterzufallen und grasenden Tieren die Augen auszustechen – eine ganze Herde von Lämmern abzuschlachten. Aggressionen, aber auch von bisher unbekannten, niedersten Wesen, die am Meeresgrund plötzlich auftauchen und bedrohlich werden. Bedrohlich werden und dann verschwinden. Killerbienen greifen Kinder an. Manche Insekten werden dreimal so groß wie früher. Monster-Krabben, über 2 m lang, tauchen aus dem Eismeer auf. Naturwissenschaftler berichten: »Wir sind schuld, vergiften alles, jetzt rächt sich die Natur. Auf unserem geschundenen Planeten gerät die Tierwelt außer Kontrolle.« Und die Menschen kehren offenbar zu ihren primitivsten Regungen zurück. Kriege sind wieder gesellschaftsfähig, gleichgültig, aus welchen Motiven heraus. Das Abschlachten wird alltäglich. Wie unglaubwürdig erscheint der Aufruf zur Rettung der Tiere, wenn Menschen gleich um die Ecke sich gegenseitig auf das bestialischste abmurksen. Was bedeutet heute Kannibalismus? Lächerlich! Wenn Hunger herrscht, die Wurst aber zu hoch hängt, wird nach dem Nachbarn als Beute gezielt. Die Vergewaltigungswelle hat die Emanzipationsfrage längst überholt. Kultureller Notstand. Wie sollen denn überhaupt noch künstlerische Leistungen entstehen und wirken? Wenn sich die Zivilisation auf niedrigstem Niveau einpendelt.

Leider schwappt diese Verflachung kultureller Werte aus den Vereinigten Staaten zu uns herüber. Den Menschen werden sämtliche eigene Reaktionen vorweggenommen: »Lachschleife«.

Die Europäer hatten da doch einige Vorbehalte, trotzdem läuft es jetzt hemmungslos in diese Richtung.

Die Marktwirtschaft ist natürlich ein Hammer für alles Künstlerische. Erfolg um jeden Preis! Es muß sich auszahlen! Einschaltquote! Die künstlerische Qualität interessiert nicht. Fast immer geht das auseinander. Das liegt sicher nicht am Publikumsgeschmack, sondern daran, wie Kunst heute verkauft wird. Kreativität entsteht immer aus einem anfänglich noch einfachen oder sogar primitiven Motiv heraus, das deutlicher, langsam stärker wird, sich entwickelt. Es kommt zu Brüchen, Rückfällen, zu Wiederanfängen, zu einer Erweiterung des Bewußtseins eben, auch der Gefühle. Heute jedoch wird das fertige Produkt sofort serviert. Man kann es sich nicht mehr zu eigen machen. Und was man sich nicht zu eigen machen kann, führt zu einem Persönlichkeitsverlust, es fehlt das Individuelle.

Wenn das gestört wird, ist die Entwicklung rückfällig. Der Synthesizer ersetzt ein ganzes Orchester – ein paar Knöpfe gedrückt und los geht's. Computer, mit denen man malen kann. Die haben doch nicht alle Tassen im Schrank! Und je mehr die Kulturleistung des Menschen eingeschränkt wird, die Fähigkeit, sich mit Geduld und Liebe einer Sache hinzugeben, desto mehr ist die Gewalt im Ankommen, die Macht, die Vernichtung.

4
Die Liebe
des
Publikums

Der Typus des Künstlers hat sich verändert. Total. Früher war der darstellende Künstler, ob bei Tanz, Oper oder Schauspiel unverwechselbar. Allein durch sein Engagement, sich dem Theater mit Haut und Haaren verschrieben zu haben. Er genoß Achtung und Privilegien, war gewissermaßen Vorbild. Heute ist der Schauspieler total runter, runter vom Podest. Er soll sich eigentlich noch rechtfertigen in seinem Beruf, gegenüber der Leistungsgesellschaft. Er kann sich dagegen nicht wehren, der kleinkariertesten Kritik ausgesetzt zu sein. Warum das? Weil er nur der leicht durchschaubare Nachbar ist, allabendlich, alltäglich in jedermanns Stube zu beglotzen. Von dem man alles weiß, seine Familienprobleme, sogar seine Bettgewohnheiten. Eine kleine, unverdrossene Publikumsgemeinde liebt noch ihre Schauspieler, hängt aber nicht mehr so an ihnen wie früher. Das ist schade. Seinerzeit wurden wir angehimmelt, geehrt. Wenn in Berlin um 23 Uhr oder später der Vorhang gefallen war, standen wir bis nach Mitternacht am Bühneneingang. Die Menschen um uns wie Trauben, um Autogramme zu ergattern. Und wir nahmen uns natürlich die Zeit, uns mit ihnen zu unterhalten. Wir wußten, daß sie in der Nacht vorher, bereits ab Morgengrauen, mit Klappstühlen bewaffnet vor der Theaterkasse Schlange gestanden hatten. Nur um diese Vorstellung zu erleben.

Das gibt es heute höchstens noch bei Michael Jackson, Madonna etc. – und natürlich bei den ganz großen Opernsängern. Aber eigentlich ist es heute mehr die Show, der riesige Apparat, die Technik, sogar auch die PR-Arbeit, die die Massen fasziniert. Das geht bis zu einer gewissen Gleichschaltung durch die Medien. Insofern nichts Neues, denn so liefen ausgesprochene Naziveranstaltungen eben auch. Jetzt ist es zwar weniger politisch, aber nach wie vor werden Massen manipuliert. Das macht angst. Akteure sind austauschbar geworden. Es sind künstliche Produkte nach allen Regeln der Medienforschung. Erschreckend. Gespenstisch. Nach außen hin sind es einmalige Megastars, aber wenn das Fernsehen sogenannte Nachwuchsshows veranstaltet, läßt sich alles perfekt simulieren. Prince, Jackson, Madonna usw. – alles perfekt auf den Punkt! Fast noch besser. Nachvollzogen von irgendwelchen Leuten, die sich produzieren wollen.

Mit dem Monolog eines Schauspielers funktioniert das nicht. Höchstens eine Karikatur kann man von ihm zeichnen: Typische Gesten, typischer Gesichtsausdruck. Ab und zu interessiert sich ein gelangweilter Feuilletonist für seine Motive, oder die Skandalpresse versucht ihn abzuwerten. Aber inzwischen zunehmend weniger im Zusammenhang mit dem Theater.

Da sind es die Intendanten, die Schlagzeilen machen, wenn ihnen das Geld nicht ausreicht für blödsinnig teure Projekte. Die Kunst ist beliebig geworden. Erfolg und Qualität werden in einen Topf geworfen. Hast du Erfolg, dazu noch in den Medien, wird schlicht unterstellt, es sei eine große künstlerische Leistung vollbracht worden. Auf primitivste Art und Weise ist Erfolg zu erzielen, seltener jedoch jetzt mit künstlerischen Leistungen. Die Massen strömen, wenn das Individuelle bereits verloren gegangen ist.

Im Fernsehen wurde mit sogenannten Kulturträgern, Beamten der Ministerien und Kulturdezernenten darüber diskutiert, was aus dem Theater werden soll, mit dem Ergebnis: schließen!

Die Theater sollen angeblich keine Funktion mehr haben, sie kosten nur Geld – also schließen! Der Abbau von Subventionen hat bereits massiv begonnen, parallel dazu die Verteilung führender Theaterposten an Leute, die nicht im geringsten dazu befähigt sind. Jeder durchschaut diese Situation, aber sie ist nicht aufzuhalten, wenn Leute verantwortungslos mit Billigstangeboten operieren, die in Wahrheit undurchführbar sind. Natürlich werden sie von gleichgesinnten Dilettanten unterstützt. Das Negativste an dieser Situation aber ist, daß dieser Mißbrauch unter den Augen kaltgestellter Profis geschieht. Dieses mafiose Treiben funktioniert, wird zur betrügerischen Manipulation. Das Ansehen des Theaters verliert an Glaubwürdigkeit durch diese Leute, die sich anschleichen,

47

nur ihres persönlichen Profites wegen. Angeblich eingesparte Gelder werden für Fehldisposition verwirtschaftet oder an anderer Stelle vergeudet, vor allem dann, wenn die »Macher« nach zwangsläufigen Mißerfolgen es verstehen, sich plötzlich zu distanzieren. Sie verlassen ihre Posten fluchtartig. Allerdings nicht, ehe sie riesige Abfindungssummen kassiert haben. Die Karawane ist weitergezogen. Übrig bleiben fassungslose Schauspieler. Aber um ihre Existenz bangend, sind sie bereit, das nächste Intendantenkarussell schweigend zu überleben. Diese machtlose Ergebenheit liegt in der Konstellation ihres Berufes. Sie müssen unbeeindruckt von aller Misere auf der Bühne weiter agieren. Diese Kraft aufrechtzuerhalten und dazu noch in ihren Rollen zu überzeugen, verlangt all ihre Konzentration. Wer kann als Außenstehender schon beurteilen, was das bedeutet! Vor der Realität die Augen zu verschließen, allabendlich abzuschalten, und dann noch der Kritik des Publikums ausgesetzt zu sein.

Diese einsame Theaterwelt spiegelt die Symptome unserer heutigen Gesellschaft wider: Nur Machtpositionen gelten.

Das Theater der Zukunft wäre trotzdem noch zu retten, abseits von falschem Rummel, von verlogener Theaterpolemik, von Experimenten, die nichts taugen. Gleichgesinnte Künstler, die die gleiche Sprache sprechen und bereit sind, gleiche Ideale zu verteidigen, könnten das Theater vor weiterem Schaden bewahren. Dann brauchten Schauspieler, die wieder glücklich sind, sich nicht ins Beamtentum zu verkriechen. Das Theater würde wieder ihnen gehören. Sie könnten das Publikum wieder aus dem Alltag herausreißen, könnten geliebt werden. Gute Schauspieler gibt es genug, wenn auch einige »Peymänner« eine gewisse Anzahl von ihnen in die Flucht getrieben haben. In einen anderen Beruf, um dem ständigen Mißbrauch zu entgehen. Ich habe mit einigen Betroffenen offen darüber sprechen können, sonst würde ich nicht davon erzählen. Das Theater war doch ihre allerletzte Insel. Fernsehserien degradieren unseren Beruf restlos. Da müssen Texte gesprochen werden, Situationen vorgegaukelt, die dem Betroffenen den Magen umdrehen. Eine Absage oder Kritik daran hätte zur Folge, aus den Besetzungslisten zu verschwinden. Die Zeitungen sind ja sowieso schon dazu übergegangen, bei Ankündigungen der Sendungen nur noch Produzenten oder Regisseure zu nennen.

Schauspieler sein, was ist das? Zunächst Verwandlung in andere Menschen, um deren Schicksale lebendig zu machen. Identifikation weg von sich selbst. Das Bedürfnis, dem Spieltrieb eine künstlerische Form zu geben. Die Faszination großer Theaterabende lebte immer von großen schauspielerischen Leistungen. Regisseure liebten ihre Schauspieler, die ihnen die Möglichkeit gaben, ihre Ideen lebendig zu machen. Ohne diese gewisse Abhängigkeit voneinander, ohne diese Liebe, geht es nicht. Während einer Rollenentwicklung lebt der Schauspieler mit der darzustellenden imaginären Figur zusammen. Sie wird in ihm immer

49

stärker, kann zeitweise sogar sein privates Leben verändern. Mir ist es schon oft an den eigenen Kragen gegangen, wenn ich mit einer neuen Rolle »schwanger ging«. Veränderungen in kleinen, alltäglichen Reaktionen, auch große seelische Einbrüche waren die Folge. Es ist die schwerste und wichtigste Phase, »der Rolle unter die Haut zu kriechen«. Ein schonungsloser Vorgang. Für einen besessenen Schauspieler aber auch eine große Befriedigung. Vor allem ist diese »Geburt« unabhängig vom Erfolg oder vernichtender Kritik. Sie ist durch nichts mehr rückgängig zu machen! Große Schauspieler wie Emil Jannings, Heinrich George, Horst Caspar, vor allem Werner Krauß, machten das spürbar. Krauß war in jeder Rolle so verändert, daß man zunächst den Schauspieler Krauß nicht erkannte. Ich hatte das große Glück, in den Filmen »Zwischen Himmel und Erde« und »Der fallende Stern« seine Partnerin zu sein. Monatelang konnte ich beobachten, wie er immer mehr sich selbst verließ, um der andere zu werden. Er wollte nicht mehr in seinen persönlichen Alltag zurück. Er blieb oft im Probenkostüm, sein ganzes Wesen, sein soziales Verhalten veränderten sich. So war es zum Beispiel auch bekannt, daß Gustaf Gründgens wochenlang nur in Schwarz gekleidet blieb, solange er den Hamlet spielte. Modische Arabesken irritieren einen Schauspieler, solange er um die Entstehung einer Figur ringt, die vielleicht uneitel ist, oder gar vom Leben verbraucht.

Ich fand es gar nicht so komisch, daß meine damalige Ehe unter der Keuschheit meiner »Heiligen Johanna« zu leiden hatte, während sie in mir wuchs.

Heute aber will mir scheinen, daß Schauspieler ihren Beruf verfehlen, wenn sie ausschließlich Selbstdarstellung pflegen, um ihre Position als Publikumsliebling angeblich zu festigen. Das sind eitle Reklamefeldzüge des eigenen Ichs. So etwas hat mit unserem Beruf nichts zu tun. Aber allabendlich vollzieht sich irgendein Fernsehereignis in dieser oder ähnlicher Weise:

Das vielgeliebte Publikum ist aufgelöst vor Begeisterung. Frenetischer Auftritts-Applaus. Noch bevor eine einzige Silbe seinen pomadigen Lippen entschlüpfte. Beschwörend hebt der »Master« die abwehrenden Hände zum Himmel empor. Haucht ins Mikrofon: »Dankeschön, danke, vielen herzlichen Dank.« Der nachtblaue Abendanzug schimmert matt, die blütenweiße Hemdbrust ist mit gesmokten Rüschen verziert, klotzige Absätze sollen den Eindruck vermitteln, der Herr sei von stattlicher Erscheinung.

Er kann einfach alles. Ein bißchen schauspielern, ein bißchen singen, ein bißchen tanzen. Nichts kann er besonders gut, aber alles außergewöhnlich recht und schlecht. Er ist halt ein universelles, pflegeleichtes Genie. Seine persönliche Bescheidenheit ist kaum zu übersehen. Er denkt nicht an sich, er denkt nur an seine »Sendung«. Er ist zudem ein ergebener Diener sozialer Wohltaten. Unsummen kann er an seine Kandidaten verteilen. Selbstverständlich ist er auch das bedauernswerte Opfer seines enormen Lebensstandards. Kann er es doch nicht verhindern, überall auf Plakaten und in Werbespots präsent zu sein. Seine markigen Hände heben schwere Maßkrüge, seine Per-

lenzähne beißen wollüstig in riesige Bierschaumkro-
nen, er steht vor neuen empfehlenswerten Geräten
und entdeckt auf Bildschirmen just immer nur sich
selbst. Er schnuppert somnambul an Männer-Deo's.
Auf Plastiktüten prangt sein lächelndes Antlitz nebst
Empfehlungen für Hackepeter und Wurstsalat. Kein
Zweifel, der unermüdliche Einsatz ist bewunderns-
wert. Als Jüngling wollte er vielleicht nach den Sternen
greifen, jetzt kriecht er vollen Geldsäcken hinterher.
Seine Berufsbezeichnung lautet noch immer: »Schauspieler«.

5

»Oskar Werner«

Ohne die Erinnerung an wundervolle Theaterzeiten müßte ich nach neuen Motivationen suchen, die Wanderungen meines Schauspielerlebens weiterzuverfolgen. Aber die Liebe bleibt. Die Liebe ist für mich immer das Thema gewesen. Ohne Liebe ist es vielleicht möglich zu forschen, zu erfinden, zu manipulieren und vieles mehr, was Erfolg und Geld verspricht. Nicht aber Kunst zu machen.

Natürlich waren da stets die liebenden Frauenrollen meinem Herzen am nächsten. Keine faden Liebhaberinnen, nein, die der Liebe Ausgelieferten, in der Liebessehnsucht Ertrinkenden. Diese, die an dem Unerreichbaren grenzenloser Vereinigung Todesnähe suchen. Die Hingabe der Luise Miller, der Julia Capulet, auch der Nora verlangen von den Schauspielerinnen eine Selbstaufgabe, die bis an die Grenzen psychischer und physischer Kräfte reicht.

Meine erste Nora spielte ich mit achtzehn Jahren in Bochum. Damals schon war es eine berühmte Theaterstadt, weil der Intendant Saladin Schmitt auch ein genialer Regisseur war. Die Emanzipationsphase des zweiten Teils der Nora konnte sich mir natürlich noch nicht ganz erschließen. Aber Saladin Schmitt hatte mit mir jede kleinste Handbewegung, jede Tonskala minutiös erarbeitet. Dann war ich wieder Nora mit 30 Jahren. Zuletzt mit 40 am Deutschen Theater Berlin unter Wolfgang Langhoff. Nun war es für mich schwieriger geworden, im ersten Teil das »Vögelchen im goldenen Käfig« aus dem Unterbewußten zurückzuholen. Dafür aber wuchs die Souveränität für das Ende, wenn Nora ihren Mann verläßt.

Es ist erstaunlich, wie es reifen Schauspielerinnen oft leichter fällt, sich in ganz junge Empfindungen zurückzuversetzen. Ich habe noch genau in Erinnerung, wie Käthe Gold ein 40jähriges Käthchen von unglaublicher Keuschheit spielte, auch die innere Unberührtheit der verführten Maria Magdalena. Den heutigen jungen Schauspielerinnen will das weniger gelingen.

Wie froh war ich, als ich endlich die »Alten Damen«, die »skurrilen alten Weiber«, die »Todgeweihten«, die »Abschiednehmenden« spielen durfte. Vor allem, meine Sehnsuchtsrolle, die »Irre von Chaillot«. Ein Thema, das Giraudoux in Sorge um die Menschheit um Jahrzehnte voraussah. In Dürrenmatts »Physiker« sagt das Fräulein von Zahnd »ich bin die letzte Normale in meiner Familie«, während sie längst Manipulationen des Infernos zu steuern glaubt. »Nicht zu Gunsten dieser Welt«, kommentiert sie.

Aurélie, die »Irre von Chaillot«, wird für verrückt erklärt, weil sie die einzige Normale ist und versucht, all die Kräfte zu vernichten, denen es gelingen könnte,

die Welt zugrundezurichten. Hellseherisch hat Giraudoux sein Stück »Ein Märchen« tituliert.

Sich zu wünschen, wie das Böse vom Guten besiegt
wird, erscheint heute wirklich als Märchen. Die »Irre
von Chaillot« müßte neu bearbeitet werden: das Zynische an der jetzigen Weltsituation schonungslos ent-
blößt.

Ich jedenfalls habe es sehr genossen, die extremen
Voraussetzungen und Ziele des Fräulein von Zahnd
und der Aurélie zu spielen. Auch das verkrustete Herz
der »Alten Dame« von Dürrenmatt konnte ich mir
zugänglich machen, indem ich sie wie eine alte Julia
spielte, die nach dem Tode ihrer großen Liebe selbst
nicht sterben konnte. Als Madame la Morte nimmt sie
Abschied von der Rache, indem sie ihren Liebhaber
ermorden läßt.

Mit dem Stück »Der letzte Gast« hat der Schweizer
Autor Thomas Hürlimann unsere Umweltsituation
direkt auf den Menschen zurückgeführt. Vergleichs-
weise gegenübergestellt die morschen Bäume, die ver-
schäumten Meere, die versumpften Seen und die am
Ego erstickenden Menschen. Verseucht – gekippt. Ich
durfte die Uraufführung am Zürcher Schauspielhaus
spielen, die Mittelpunktsrolle, den Schauspieler Oskar
Werner. Der Regisseur Achim Benning hatte sich entschlossen, diese Rolle mit mir, mit einer Frau, zu
besetzen. Das Stück schildert das Ende des großen
Schauspielers. Ein alter Mann, dem Alkohol restlos
verfallen. Er hatte sich die letzten Jahre längst von der
Gesellschaft verabschiedet, konnte kaum noch spielen,

ohne einen Eklat heraufzubeschwören. Hürlimann hat diesen Abschied, diese Flucht aus der Welt, auf seine Weise interpretiert. Indem Oskar Werner zum Beispiel den Abschiedsmonolog des Richard III. dazu benutzt, dem Spektakel einer Wohlstandsgesellschaft zu entfliehen. Der Vortrag wird bejubelt, der Zweck nicht erkannt. Für mich schien diese dramaturgische Vorlage ebenfalls symptomatisch zu sein für die Situation der Künstler in der heutigen, sogenannten Wohlstandsgesellschaft. Unverständnis und Mißbrauch herrschen vor. Es sei denn, der lautstarke »Macher« paßt sich seiner Umgebung an. Das funktioniert aber nur, wenn man »sein Gesicht verliert«, wie die Chinesen sagen. Und mit dieser Anpassung geschieht das Allerschlimmste: es wird die Schraube nach unten in Bewegung gesetzt, das niedere Niveau wird legalisiert.

Während meiner Arbeit an der Rolle des »Oskar Werner« habe ich alles über sein Leben recherchiert, was nur möglich war, habe seinen totalen Abstieg schonungslos verfolgt. Tatsächlich hat er während vieler Nächte vom Alkohol fast ohnmächtig am Boden irgendeines Künstlerlokales gelegen, ohne die Beachtung seiner fidelen Kollegen zu genießen. Als lapidare Erklärung auf Befragen nannten die nur seinen Namen.

Ich glaube, es war wie eine Fügung, daß ich dem wirklichen Oskar Werner persönlich nie begegnet bin. So konnte er für mich zur Kunstfigur werden. Dabei waren wir fast zur gleichen Zeit mit eigenen Tourneetheatern auf Wanderschaft gegangen. Es ist anzunehmen, daß die Motive dafür die gleichen waren. Nun, nachdem ich so vieles über ihn wußte, empfand ich eine große Liebe für ihn. Ich wollte ihm und vielen ähnlich betroffenen Künstlern ein Denkmal setzen. Es wäre zu leicht gewesen, von der Bühne herab eine lächerliche Figur zu zeichnen, einen schwachen, vielleicht sogar verachtungswürdigen Menschen. Ich habe alles darangesetzt, die Motive bloßzulegen, warum er sich selbst aufgeben mußte. Einsames Zurückbleiben hinter zerbrochenen Idealen.

Auf der Suche nach der Wahrheit war er gescheitert, nur noch fähig, auf seine Weise langsam Selbstmord zu begehen. Benning spielte uns einmal ein Band seiner Wiener Lieder vor und bemerkte dazu: »Ich war bei den Aufnahmen dabei, er war völlig betrunken.« Aber das Lachen blieb uns Schauspielern im Halse stecken, als wir die Reinheit seiner Stimme, die Zartheit seiner Gefühle erkannten. Er war zu kostbar für diese Welt gewesen, einer der Genies, die Gott frühzeitig zu sich holt. Vielleicht als Schutzmaßnahme vor der Feindlichkeit grölender Massen, die von nichts berührt sein wollen, um nicht nachdenken zu müssen. Die erst aufwachen, wenn auf die Pauke gehauen wird und die Hose heruntergelassen.

Sollte heute ein Künstler das Gefühl haben, auf dem falschen Dampfer zu sein, halte ich es für ehrenvoller, abzutreten – wie auch immer –, als sich ins Beamtentum einzureihen oder weitergehende Konzessionen zu machen.

Eine kleine Geschichte, vor einiger Zeit geschrieben, möchte ich einfügen: »Total-Liquidation«.

»Total-Liquidation eines kompletten Haushalts, bei sofortiger Mitnahme: Sitzgruppe, Bücher, Regale, Bett, Tisch, Radio, echte Orientteppiche, gepflegte Garderobe einer alten Dame« wiederholte das Fräulein hinter dem Schalter. Die Silben zählte sie mit der Bleistiftspitze ab, wegen der Kosten. »Zahlen Sie bar?«.

Hinter der gläsernen Trennwand öffnete eine zierliche, alte Dame hastig die Handtasche: »Immer bar!«

»Es erscheint ganz sicher morgen im Blatt.« Das Fräulein reicht Wechselgeld zurück.

»Danke vielmals«, ein flüchtiges Lächeln, »hoffentlich ist morgen kein schlechtes Wetter.« Die Junge, bereits über andere Texte gebeugt: »Warum denn?« »Nun, weil die Leute sonst zuviel Schmutz in meine Wohnung tragen könnten.«

Automatisch teilt sich die Tür in zwei Hälften, läßt viel zu viel Raum für die alte Dame. Draußen ein Versinken in vorwärtsdrängender Menschenmenge.

Die Stadt ist animiert vom beginnenden Frühling. Überall junger Atem. Schemenhaft gefilterte Morgensonne entläßt ihre Strahlen zaghaft durch wattige Wolken. Der See glitzert, als hätten unzählige Kristalle ihn zugedeckt. An den Zweigen der Bäume halten zart-grüne Blätterfächer, wie in Händen, die Knospen, vom Tau noch benetzt.

Ihre leichten Schritte tönen hell auf dem Pflaster. Sie senkt den Blick zum unsicheren Boden hinab. Blinzelt dann wieder zum Himmel auf, in ein Licht, das für ihre Augen viel zu weiß ist. Ein hellgrauer Seidenman-

tel umhüllt ihre Gestalt. Die flachen Sportschuhe sehen aus wie gestrandete Schiffchen. Ihr Gesicht ist
beherrscht von den Augen, ringsherum sind unzählige Fältchen verzweigt, wie kleine Sonnen. Augen, die
nie aufhören wollen, Wunder zu sehen. Die Lippen
sind aufeinandergepreßt. Die Frau scheint entschlossen, sich gegen alle Aggressionen der Realität zu wehren.

Sie geht am See entlang, versucht innere Verwun-
dungen der letzten Stunden zu verdrängen.

»Im letzten Stadium«, hatte der Arzt gesagt, nachdem sie um schonungslose Wahrheit gebeten, und
»seien Sie dankbar, daß Ihnen Ihr Leiden bisher so
wenig Beschwerden machte.« »Besser von dieser Ge-
wißheit belastet zu sein, als länger über den Wolken
der Ungewißheit zu schweben«, denkt sie tapfer. Es
sollte auch ihr Geheimnis bleiben, daß die Kosten für
längeres Siechtum ihre Mittel übersteigen würden.

Mit dem Frühzug war sie zur Tochter gefahren.
Eine Umarmung des Wiedersehens. Ein kühler Emp-
fang, zerredete Stunden, Schablonengespräche in un-
persönlichem Licht. Ihr Aussehen wurde gelobt, nach
dem Befinden nicht gefragt.

Überraschend müde fühlte sich die alte Frau. Wie
auf Krücken. Das Zentrum ihrer Kräfte schien sich
selbst zu zerstören. Kein Wort kam über ihre Lippen,
weshalb sie gekommen war. Was sie aus ihren Illusionen gerissen hatte. Die Worte des Arztes durchquerten
wie auf Telegrafendrähten die Stirn: »allerletztes Stadium«. Plötzlich bat sie: »Laß mich heute nacht hier
bleiben. Ich bin so müde.« Die Tochter wich geschickt

aus: »Das Gästezimmer, ich konnte es noch nicht richten, keine Zeit, verstehst du? Und wenn du auf der Couch schläfst, ist das für uns alle im Haus wenig angenehm.« Die Frau wiederholte: »Wenig angenehm. Sicher hast du recht.«

Noch am gleichen Abend ist sie abgefahren.

Eine unbekannte Spannung wächst in ihr. Seltsam, während der Reise verspürt sie eine neue Kraft. »Jetzt muß ich handeln. Es duldet keinen Aufschub mehr.«

Eine unruhig verbrachte Nacht. Am Morgen beherrscht sie neue Ängstlichkeit. Sie ruft die ältere Tochter an, hört sie fragen: »Mein Gott, Mama, wie geht's dir überhaupt? Du willst mich doch nicht besuchen?«

Da preßt sie aus sich heraus: »Nein. Ich habe keine Zeit zu kommen!« Den Hörer noch in der Hand flüstert sie sich zu: »Warum? Warum belügen wir am ärgsten diejenigen, die wir am stärksten lieben?«

Sehnsucht danach, vom eigenen Schatten zugedeckt zu liegen. Mit plötzlichem Entschluß verläßt sie die Wohnung, fährt in die Stadt.

Hinter dem Bankschalter schiebt ein Angestellter die Brille hoch zur Stirn: »Alles? Was ist denn passiert?« Sie fängt an zu stottern: »Eine große Reise, nein, vielmehr ich ziehe fort, fort von hier.« Der Mann, jetzt gleichermaßen verwirrt: »Dann können wir es doch von Bank zu Bank erledigen.« Sie verfängt sich in Lügen, in Märchen, die eigentlich ihre Träume sind: »Ich ziehe zu meinen Kindern, wissen Sie? Und dann, ich möchte einmal alles in Händen haben, meinen letzten Besitz. Verstehen Sie das nicht?« Der Beamte läßt die Brille wieder zur Nase rutschen: »Ja, ja, verstehe.« Gewissenhaft beginnt er Anweisungen auszufüllen.

Im großen, weiten Kassenraum stopft die kleine Frau Geldscheine in ihre Tasche. Dem unvermeidlichen Abschied entgeht sie mit gesenktem Kopf.

Mit leeren Händen steht sie am nächsten Morgen in ihrer schmalen Diele mit der Blumentapete. Ein altgewordenes Kind, vom Spielen müde. Einige Kartons stehen noch herum, angefüllt mit dem »Persönlichsten«. Jetzt ist das sinnloser Kram. Ihre Tasche hat sie an die Eingangstür gestellt, um sie nicht zu vergessen.

Eine lange Vorbereitung für einen kurzen Augenblick. Nun ist es soweit. Nichts wird bleiben. Ausgelöscht. Als ob nichts gewesen wäre. Kein Leben voller Herrlichkeit, voller Liebe, nun angefüllt mit Schmerzen. Kein Zwang mehr zur Lüge, endlich!

Im »Schwanen-Hotel« hat sie ein Zimmer bestellt, mit weitem Ausblick über den See. Sie kommt mit einem kleinen Koffer. Der Koffer ist leer.

Der alte Portier erkennt sie sofort. »Immer sind Sie unserem Hause treu geblieben, verehrte gnädige Frau. Wenn ich denke, alle ihre Familienfeste, immer nur hier!« Er ist überrascht, sie so allein zu sehen, so gelöst, so froh. Ein azurblaues Kostüm, in gleicher Farbe der breitrandige Hut. Sie spielt mit dem Zimmerschlüssel: »Das Abendessen möchte ich in aller

Ruhe auf dem Zimmer genießen. Wie früher: kleines Steak, viel Salat, einen Halben Fendant.« Auf der obersten Stufe blickt sie zurück: »Und Meringe-Glacé, mit Sahne diesmal und mit viel heißer Schokoladensoße!«

In ihrem Zimmer angelangt, repetiert sie gewissenhaft: »Die Tür nicht abschließen. Tabletten mit dem Wein runterspülen. Nicht weinen.«

Erleichtert streift sie die Schuhe ab, stellt sie neben den kleinen Koffer. Den hellgrauen Seidenmantel faltet sie sorgsam zusammen, steckt ihn umständlich in das dafür bestimmte Etui.

Ehe sie den Weg zum Hotel eingeschlagen hatte, saß sie am See auf einem schmalen Felsen. Aus Geldscheinen hatte sie kleine Schiffchen gefaltet, ließ sie schwimmen. Sie saugten sich voll Wasser und gingen schließlich langsam unter. Blanke Steine hatte sie vom Ufer aufgesammelt. Spielzeuge ihrer Kindheit. Hatte sie in die Handtasche getan, die sie dann aus den Händen gleiten ließ.

Sie sah ganz ruhig zu, wie alles verschwand, im klaren Wasser des Sees.

6
Die Faszination

Personifizierte Träume übersteigerter erotischer Phantasien in gesellschaftlichen Strukturen hat Genet in seinem Stück »Der Balkon« faszinierend und virtuos vorgeführt. In der Berliner Erstaufführung spielte ich die Chantal, eine Revolutionshure, die aufreizende, kriegerische Lieder singt. Sartre, Genet und auch Camus haben in ihren Stücken eine enorme erotische Kraft. Chantal sang auf den Barrikaden ihre rauhen Lieder, ähnlich der »Katharina« in Sartres »Der Teufel und der liebe Gott««, die ich am Schiller-Theater spielte.

Jahre später sah ich eine Neuenfels-Inszenierung vom »Balkon«. Er hatte die Rolle der Chantal mit einer stummen Tänzerin besetzt, anders als von Genet erdacht. Das sind Regiekonzeptionen, die törichterweise eine gegenteilige Wirkung haben. Hier wird ästhetisiert, kein erotisches, pralles Theater gezeigt.

Aufregend war in dieser Inszenierung nur ein winziger, kurzer Auftritt von Berta Drews.

Der Vorhang ging auf und der ganze Genet war da: Sie spielte eine alte Frau. In einem schonungslos kalt ausgeleuchteten Klinikzimmer, gestützt auf einen Laufapparat, ging sie ständig im Kreise herum. Das war so faszinierend, so beklemmend und erotisch, allein durch die Ausstrahlung dieser wunderbaren Schauspielerin.

Es ist idiotisch, wenn das Theater versucht, den Peepshows oder sonstigen Etablissements von nebenan Konkurrenz zu machen. Auch wenn im Schauspiel die Erotik eine dramaturgische und dramatische Funktion hat. Aber das geöffnete Mieder in der Gretchen-Szene ist wahrhaftig kein grandioser Regieeinfall, in naturalistischer und künstlerischer Hinsicht nicht. Möglicherweise könnte der Rist eines nackten Mädchenfußes erotischer wirken.

Der große Theatermann Piscator ließ in den zwanziger Jahren in Berlin Bühnenbilder bauen, die eigentlich nur Gerippe waren, Versatzstücke, Gitter, Leitern und Stahltreppen. Er wollte damit erreichen, daß die Illusionen allein von den Schauspielern ausgehen sollten, entsprechend führte er Regie.

In einer seiner Inszenierungen begegnete eine junge Müllerin ihrer ersten Liebe. Nach der »großen Liebesszene des Abends« blieb die Frau einsam auf der Bühne zurück. Sehr lange geschah nichts. Dann begann die Frau eine metallene Wendeltreppe hoch hinaufzusteigen. Nichts weiter. Aber es war so inszeniert, daß es nicht möglich gewesen wäre, das Glücksgefühl, die Liebessehnsucht, mit Worten oder anderen Mitteln annähernd so stark zu übertragen.

Der Rhythmus ihrer Schritte steigerte sich von Stufe zu Stufe. Ein gleichbleibender dünner Ton drang aus ihrer Kehle, der sich parallel zu der Anspannung ihrer Körperbewegungen nach oben schraubte. So fand ein genialer Regisseur die künstlerische Form für einen Orgasmus.

Das Theater muß sein Geheimnis bewahren, wenn es den Menschen ganz enthüllt.

Ein anderes Beispiel für authentisches Theater: Die große Tänzerin Anna Pawlowa war gestorben. Trauerfeier in der Pariser Oper. Der schwere Bühnenvorhang öffnete sich wie ein großes Tor. Eine leere, weite Bühne. Die Musik von Saint-Saëns erklang. Das Licht eines einzigen Scheinwerfers huschte über die dunklen Bühnenbretter, verharrte, sprang, zog Kreise, wirbelte Pirouetten, löste sich schließlich auf.

Max Terpis, der große Choreograph, stand allein hoch oben auf den Eisenträgern der Beleuchterbrücke, setzte den schweren Scheinwerfer ab, schweißgebadet und tränenüberströmt. Mit dem gebündelten Licht hatte er jede Phase des berühmten Tanzes der Pawlowa »Der sterbende Schwan« nachgetanzt.

Kein Wort mehr, keine Abschiedsrede.

Atemlos verharrte die Trauergemeinde. Ganz langsam schloß sich der schwere Vorhang wieder, als verbeuge er sich vor dem Bühnenboden, der die Füße einer genialen Tänzerin getragen hatte.

»Das Theater kann, von allen guten Geistern verlassen, das traurigste Gewerbe, die armseligste Prostitution sein«, hat Max Reinhardt gesagt. Eine Weisheit, die heute ebenso gilt und immer gelten wird. Auf die guten Geister aber kann man sich nicht verlassen, man muß sich schon selbst darum bemühen und sich auf die Mittel des Theaters zurückbesinnen. Vor allem aber, alles von der Bühne verbannen, was mit Recht zum Privilegium des Fernsehens geworden ist: Langatmige Debatten, amusische Diskussionen. Politisches Theater erreicht deshalb niemanden, weil die, die gemeint sind, nicht ins Theater gehen. Ob ein Abend spannend oder entspannend wird, ist eine Frage, die man sich vor dem Bildschirm stellt. Für das Theater reicht dieser Anspruch nicht aus. Theater muß erschüttern, gleichgültig, ob diese Erschütterung Lachen, Weinen oder Neugier auslöst.

Die Faszination kann nicht von denjenigen ausgehen, die Theater konzipieren, die ihre Visionen verwirklicht sehen wollen. Faszination kann nur von denen kommen, die auf den Brettern stehen. Das sollte jeder Regisseur einsehen, wenn er um das Glück der gemeinsamen Entstehung eines Theaterabends kämpft und betet.

Max Reinhardt sprach von »Enthüllung« des Theaters, denn: »der Weg zu uns selbst und zu unseren Nächsten ist sternenweit«. Oh Gott, dieser Weg dürfte inzwischen noch viel weiter geworden sein! Die »Enthüllung« also umso notwendiger, aber auch grausamer.

Um so mehr, vor allem unter dem Aspekt psychopathischer Reaktionen der heutigen Menschen, die von seelischen Krankheitssymptomen belastet sind, deren Erreger aufzuspüren dringendste Voraussetzung für ein Theater der inneren Zustände sein sollte. Also weniger Demonstration, noch weniger monströses Spektakel. Dafür süchtiges Suchen nach Wahrheit. Bei der Kunst ist Faszination ebenso Voraussetzung, wie es der Genius für den Erfindergeist ist.

Ich glaube, der »Wahnsinn unseres alltäglichen Lebens«, die Zuspitzungen fortdauernder »Nervenkitzel« verlangen von den Künstlern ihre ganze Kraft, neue Akzente zu setzen. Naivität, eine gewisse Unbefangenheit, kann für die Erneuerung des Theaters vielleicht sogar aktivierend sein. Aber sicher nicht ein umfassendes Unvermögen, das sich unter anderem in unkontrollierten Zufällen auf der Bühne breitmacht. Oder in angeblich progressiven Regietaten, die hauptsächlich darin bestehen, den Schauspielern ermunternd zuzurufen: Na, nun macht doch mal! Oder in der Behauptung gipfeln »Feind der perfekten Szene« zu sein. Wenn jeder für sich allein produziert, ist jeder gegen jeden. Es kommt dann soweit, daß der gewinnt, der zuerst brüllt. Ein grauenvoller Überlebenskampf der Schauspieler auf der Bühne.

Es stellt sich die Frage, welche Neuentdeckung der Sinne die Theaterbesucher wieder aufnahmefähig machen könnte für den Elementartrieb, Theater zu spielen. Für die Kunst des Schauspielers, die »Befreiung von der konventionellen Schauspielerei des Lebens« ist, wie Max Reinhardt feststellte.

»Der Schauspieler hat seine Kindheit heimlich in die Tasche gesteckt und sich auf und davon gemacht, um bis an das Lebensende weiterzuspielen«, verkündete Max Reinhardt, und noch dies: »Er ist der Mensch an der äußersten Grenze zwischen Wirklichkeit und Traum, und er steht mit beiden Füßen in beiden Reichen.«

Ich meine, wenn sich in allen Krisenzeiten kaum etwas verändert hat, so ist es die Mentalität des Schauspielers. Ich spreche nicht von allen, die diese Berufsbezeichnung für sich in Anspruch nehmen, die aber trotzdem durch nichts gehindert sein könnten, sich auch auf anderen Ebenen zu prostituieren. Nicht diejenigen, welche exhibitionistische Selbstbespiegelung pflegen, in der Hoffnung auf kinoträchtige Bankkonten. Nein, ich meine die ausdauernd Unbestechlichen, die liebenswerten Tore, denen der Atem ausgeht, sobald ihnen der Kulissengestank entzogen wird.

Wieviele Stunden arbeitet der Schauspieler, wenn er von 10−16 Uhr auf der Probe steht, ab 19 Uhr wieder im Theater erscheint, um Vorbereitungen für die Vorstellung zu treffen, die erst nach 23 Uhr beendet ist? Zwischendurch immer wieder neue Texte lernen, Studien und Übungen machen und dann immer wieder die eigene Haut zu Markte tragen! Leider sind in den Ensembles zu oft Schauspieler zu finden, die sich darin gefallen oder deren mangelnde Initiative es zuläßt, gequälte Befehlsempfänger zu sein. Die unter diktatorischer Regie leiden wollen, obwohl sie sich bewußt sein müßten, daß im totalen Einsatz vor dem Publikum letztendlich sie allein verantwortlich werden. Die Alternative, sich mit dem Regisseur um jeden Preis künstlerisch solidarisch zu erklären, ist möglicherweise nichts anderes als mangelnde Zivilcourage. Ein Regisseur, dem zu Hause nichts eingefallen ist, stört die Proben auch dann, wenn er sich vom Schauspieler inspirieren läßt. Die konzeptlos vergeudete Zeit muß einzig und allein der Schauspieler aufholen, für den es gilt, am Premierenabend Souveränität auszustrahlen.

In Deutschland hat sich leider kaum ein Theaterautor gefunden, der auf so eindringliche Weise über die Bewältigung der Nachkriegszeit schreiben konnte, wie der Engländer Edward Bond. In »Sommer« schildert er das Schicksal von zwei unterschiedlichen Frauen, im Rückblick auf die verschenkten Jahres ihres Lebens. Ich spielte die Xenia, über die die Kritik schrieb: »Xenia ist eine Art weiblicher Ödipus, indem sie immer wieder von neuem auszieht, die Wahrheit zu suchen. Sie kommt immer wieder zurück, und jedesmal dringt sie weiter vor.«

Die Probenarbeit war für mich zwiespältig gewesen, denn ich sah die Probleme, die das Stück aufwirft, anders als der Regisseur. Agnes Fink fühlte sich vom jungen Regisseur nicht enttäuscht. Ich aber lief ab und zu aufgebracht zum Intendanzbüro. Boy Gobert war ein sensibler, sehr kluger Theaterleiter, er konnte meine Zweifel beruhigen.

Nach der Premiere kam Gobert zu mir: »Gisela, ich habe selten erlebt, daß ein Schauspieler so fahrlässig Theater spielt wie Sie.« Ich erschrak: »Fahrlässig – also schlecht?«

»Nein« sagte er, »so ohne doppelten Boden, so ohne

Netz. Ich hatte Angst, Sie könnten abstürzen.« Er nahm mich fest in seine Arme.

Damals hatte man ständig versucht, ihn als Intendant abzuschießen. Eines Tages ließ er ein Plakat drukken, auf dem sein Konterfei zu erkennen war, mit Eiern beworfen.

Ich stürzte zu ihm ins Büro: »Warum?« Er lächelte: »Um den Menschen zu zeigen, wie ich drüberstehe, über diesen Querelen. Wie stark ich bin.«

Einige Wochen später starb er den Herztod.

7
Es gibt keine
unglückliche Liebe

Hoffnungsloser Stumpfsinn stellt sich selbst in die hinterste Ecke des Lebens. Mit dem Verlust ethischer Werte läßt der »gekippte Mensch« Negatives aufblühen, das vom Sumpf genährt wird. Verunsicherung, Ängste wuchern. Ein Teufelskreis.

Wie so viele habe auch ich den letzten Krieg durchstehen müssen. Nacht für Nacht im Bombenkeller. Immer die bange Frage im Herzen »Kannst du morgen früh noch nach oben kriechen oder ist es deine letzte Nacht?« Doch die Menschen saßen alle in einem Boot. Diese schlichte Erkenntnis baute ihnen Brücken zueinander. Warum hat sich dieses Grundgefühl so sehr verändert? Jetzt ist das Boot viel größer geworden und bereits morsch. Aber es wird verleugnet. Ist der geistige Verfall schon so weit fortgeschritten, haben die Gifte, die Drogen gesiegt? Alkohol weicht Probleme auf, denen man sich stellen muß. Die nachfolgenden Depressionen verlangen wieder mit Alkohol verscheucht zu werden. Auch ein Teufelskreis. Der sogenannte Fortschritt läßt Giftwolken, Explosionen, Tod und Verderben zu. Die Perversion der menschlichen Zerstörungswut kennt keine Grenzen. Wozu dann aber die grenzenlosen Investitionen in die Zukunft, voller tödlicher Gefahren? Das ist wie Suizid aus Angst vor dem Tode. Noch ein Teufelskreis.

Sehen die Menschen keinen Himmel mehr über sich? Hören sie nicht die Lieder der Vögel? Erkennen sie nicht die unzähligen Wunder, die uns geschenkt sind? Diese Überfülle an Schönem der Natur? Geboren werden, gestorben sein. Blühen, verblühen, zur Erde zurückfallen. Was der Mensch ißt, ist er, was er denkt, bleibt von ihm. Was der Mensch liebt, lebt in Liebe. Das Leben ist beflügelt von Sinnlichkeit, von allem, das die Sinne anregt und was zufriedenstellen kann. Diese Farben der Blumen und Wälder, diese Klänge der Musik, diese Augen der Kinder, diese Hingabe von Tieren. Sprache, Berührungen, Schlaf und Erwachen. Die Wärme der Sonne, der fremde Mond, das Fließen des Wassers, die ständigen Wellenbewegungen des Lebens – die Gezeiten. Alles an Glücksgefühlen kann das Leben bieten. Auch jeder Kampf bringt eine neue Erkenntnis. Ein Verlust könnte ein Gewinn sein, auch Einschränkungen können freier machen. Gerade im Absturz werden vielleicht neue Chancen erkennbar.

Eine gräßliche Verrohung grassiert in dieser Welt. Nahezu in allen Bereichen, auf allen Gebieten. In der Politik, in der Kunst, durch die Medien. Vor allem aber, alles was mit Erotik zu tun hat, wird in den Dreck gezogen. Das Intimleben kennt kein Tabu mehr. Exhibitionistische Triebe, getarnt als sogenanntes Outing. Die Entmystifizierung der Beziehungen zwischen den Geschlechtern verkommt zum platten Anschauungsunterricht, unter dem Vorwand der Aufklärung. Das ist nicht nur lächerlich, das ist zum Abgewöhnen. Das ist zum Kotzen.

Die Beziehungen zwischen Frau und Mann – pardon, Mann und Frau haben sich so negativ verändert, daß es für meine Generation erscheint, als täte sich eine unüberbrückbare Kluft auf. Totale Verunsicherung auf beiden Seiten. Männer, voller Ängste, schlagen hysterisch zurück. Panik wegen angeblichen Prestigeverlusten und absinkender Dominanz. Warum auch die Sucht, alles zu zerreden? Alles soll erklärbar sein, machbar, nachmachbar. Für alles gibt es Gebrauchsanweisungen, Videos, Talkrunden. Trotzdem werden Komplexe immer komplexer, selten, daß was klappt. Armseliger Zynismus überall. Kein Esprit, kein Charme.

Ich empfinde es als zynisch und brutal, wenn so ein Schrank, so ein junger Schrank von Mann, neben einer körperlich schwächeren Frau steht und zusieht, wie sie schwere Lasten wuchtet. Er könnte das mit dem kleinen Finger. Das ist keine Unterlassung von Hilfe, das ist Aggression. Aber nachdem Frauen das Recht beanspruchen, auch auf dem Terrain der Männer zu denken und zu handeln, neiden diese ihnen sogar noch körperliche Privilegien. Am liebsten würden sie Kinder gebären – wenn sie nicht so gräßliche Angst vor Schmerzen hätten! Wer hätte die durchaus psychopathische Entwicklung vermutet, die der Emanzipation der Frau nur Haß und Neid bringt? Daß die Geschlechter lieber nebeneinanderher leben wollen? Aber auch die Rivalität unter den Frauen ist gefährlicher geworden, im Gedränge um den Mann. Andererseits läßt sich beobachten, daß die jungen Menschen beim Anknüpfen neuer Beziehungen weitaus vorsichtiger und zärtlicher vorgehen. Ein neuer Trend, vielleicht ein Reflex auf die miese Bilderflut überall. Sie möchten ihre Beziehungen individuell steuern, nicht wie die Medien es ihnen vorkauen.

Ich werde immer wieder gefragt, warum ich so oft geheiratet habe. Warum eigentlich nicht? Ich hatte das große Glück, nicht nur einmal im Leben an die Liebe glauben zu können. Ich hatte mir gewünscht, eine starke Abhängigkeit zu fühlen, von einem Mann behütet zu sein. Vielleicht hat es deshalb letzten Endes nicht funktioniert, weil ich ziemlich stabil bin in verschiedener Hinsicht. Sogar bei alltäglichen Bewährungen des Lebens. Ein ausgesprochen praktischer Mensch läßt sich nicht so leicht bei seinen persönlichen Arrangements stören. Mit meinem »Laß mich nur, ich mach das schon!« habe ich mir viele Chancen verbaut. Die Chance, dem anderen Vertrauen zu zeigen, aber auch die Chance, ab und zu selbst Luft abzulassen. Ich habe mich auf diese Weise permanent überstrapaziert. Das wäre das einzige, was ich bestimmt anders machen würde, falls ein zweites Leben zur Diskussion stünde.

Meine Ehen waren turbulent und köstlich. Es gab für mich keinen Grund, die Hoffnung auf eine lebenslange Bindung zu verlieren. Konventionell waren meine Begegnungen wahrhaftig nie. Bei der Erwähnung des Begriffes »Lebensgefährte« bekomme ich allerdings Gänsehaut. Darin steckt ein kleinkariertes Pseudobekenntnis. »Mein Mann« und »Meine Frau« – das ist unverblümt eine geschlechtliche und gegenständliche Orientierung. Da hat man ein Paar vor Augen, das sich zueinander bekennt. Alles andere ist unverbindlich und beliebig. Das Risiko zu heiraten, ist tatsächlich etwas ganz anderes als nur zu sagen: »So, jetzt leben wir mal miteinander. Du machst deinen Kram, ich mach meinen, und wenn's grade mal paßt, sehen wir uns oder gehen miteinander ins Bett.« Die Leute sind so verlogen, auch noch zu behaupten, eine derartige Beziehung sei riskanter als eine Ehe. Wahr daran ist, eine Ehe bedeutet eine gewisse Absicherung äußerer Umstände. Sie ist eine traditionelle Bindung und Verpflichtung. Sie ist eine Idee für das Leben. Eine lose Bindung aber ist ein Abkommen auf Zeit. Man will danach keinen großen Kladderadatsch haben, die Trennung kann rasch und reibungslos vollzogen werden, denkt man. Aber dann beginnt der Kampf: Der Hund soll halbiert werden, die Sitzgarnitur zerhackt, das Kind in Stunden eingeteilt.

Das finde ich noch mieser: Erst der überhebliche Anspruch einer sogenannten modernen Lösung, und dann bricht das ganze Spießertum in sich zusammen. Für die Kinder ist so eine »freie« Beziehung von Anfang an schrecklich. Sie wissen nicht einmal genau, wie sie heißen. Offiziell haben sie keinen Vater, denn der uneheliche Vater hat behördlich keine Rechte. Das könnte mir als Mutter eigentlich egal sein oder sogar höchst angenehm. Der uneheliche Vater darf sich zwar

bekennen, aber er kann sein Kind nicht einmal adop-
tieren, weil es ja sein eigenes ist. Also mir wäre das dem
Mann gegenüber, mit dem mich der Segen eines Kindes verbindet, höchst unangenehm. Alle einsichtigen
Lösungen, die bei einer Ehescheidung Voraussetzung
werden, sind in diesem Falle Luftblasen. Gott, wie angenehm, sagen die Leute, und schmuggeln sich um
jede Fairneß herum. Für die Kinder aber ist ein grund-
sätzlicher Ausnahmezustand geschaffen worden, der
das »Vaterverhältnis« nebulös vom Boden abhebt.

Eine unglückliche Liebe gibt es nicht. Kann es nicht
geben. Denn wer die Fähigkeit besitzt, wirklich zu lieben, den hat Gott in seine Arme genommen. Herr
Goethe sagte: »Ich liebe dich, was geht's dich an.«
Darin liegt alles. Liebe – wenn es Liebe ist – macht
glücklich. Die unerwiderte Liebe soll unglücklich machen? Dann ist es keine Liebe, nur Eigenliebe. Ein
Gefühl, das besitzergreifend wurde. Ich sehe es jedenfalls so, und habe es bei jeder meiner Beziehungen so
gesehen. Wenn ein starkes Gefühl unerwidert in sich
zusammenbricht, war es Irrtum, den es nicht zu be-
dauern gilt. Ich will noch einen Schritt weitergehen:
Wenn ein starkes Liebesgefühl in mir zusammenbrechen wollte, bestand doch nie ein Grund dafür, diese
Liebe nachträglich zu verleugnen, zu verdonnern, zu
beschmutzen. Damit löscht man doch eine Zeit seines
eigenen Lebens aus. Behutsam sollte man diese Liebe
davor bewahren, sie nicht durch den alltäglichen Ehe-
krieg zu schleifen. Die Notwendigkeit der Trennung
muß man auf sich nehmen, wenn es auch noch so

schmerzt. Es geht um die Liebe, um die Erhaltung gegenseitiger Achtung voreinander. Wenn meine Wunden geheilt waren, habe ich tapfer weitergeliebt, in der »Rück«-sicht, und mutterseelenallein. Aber ich habe mir das Kostbarste meines Lebens bewahrt: meine Liebe.

8
Fassbinders
27 Frauen in New York

Kein Mann tauchte auf der Bühne auf, aber 27 Frauenrollen waren zu besetzen. Das Stück »Frauen in New
York« von Clare Booth versprach eine Sensation. Als
man am Hamburger Schauspielhaus Rainer Werner
Fassbinder die Regie anbot, hatte der »Hausregisseur«
bereits die Flucht ergriffen vor der vorprogrammier-
ten Hölle, wenn sich 27 Frauen gegeneinander aus-
spielen sollten. Viele Probenwochen waren vorgese-
hen. »Ich mache das«, gab Fassbinder auf seine lässige,
flapsige Art von sich, »aber ich kann das nur innerhalb
von fünf Wochen machen. Mehr Zeit habe ich nicht.
Danach muß ich einen neuen Film anfangen, zur Zeit
schneide ich noch am letzten. Aber ich kann das ja
nebenher machen.« – Verrückt!

Mir waren zwei Rollen zugedacht. Vor der Pause eine
typisch amerikanische Mama, die pausenlos komisches
Zeug quatscht. Nach der Pause eine männermordende
Comtesse, alkoholumnebelt. Zuerst im Reitdress, die
Peitsche schwingend auf der Suche nach einem ihrer
Liebhaber, dann volltrunken in rauschender Abend-

robe. Fassbinder sagte bei unserer ersten Begegnung nur: »Na, Sie haben ja Erfahrungen genug!« Wahrscheinlich hielt er mich für eine »UFA-Zicke«, weiter nichts. Aber bald geriet er ins Staunen, denn ich erschien zu keiner Probe.

Die Presse zog mal wieder lautstark über mich her, wegen meiner neuen Ehe mit einem 34 Jahre jüngeren Mann. Ich haßte Schlagzeilen, zog sogar in Erwägung, alles abzusagen, bis wieder Ruhe herrschte. Aber dann fiel mir der zynische Satz des Regisseurs ein, und nun wollte ich es ihm doch zeigen!

Eine Nacht lang nahm ich mir diese Comtesse vor, arbeitete wie im Fieber an den verrücktesten Ideen. Am nächsten Morgen, auf der Probe, ging alles sehr rasch vorüber. Fassbinder bemerkte nur: »Ach, da sind Sie ja wieder mal!« Ich begann sehr milde: »Ich hatte mir folgendes gedacht...« Er ließ mich kurz vorspielen, dann: »Da reden wir noch drüber.«

Am nächsten Morgen stand Fassbinder leicht verschleiert und bleich vor dem gesamten Ensemble: »Ja, gestern, da ist was passiert. Da kommt eine Frau, spielt mir eine kurze Szene vor, und danach wußte ich erst, wie das ganze Stück inszeniert werden muß.«

Von nun an lief alles zwischen uns fast ohne Worte ab. Ich vertraute mich ihm voll an. Wenn jemand in dieser Weise so über seinen Schatten der Eitelkeit springen kann, zeigt er Größe.

Auf der Bühne war ein riesiger Ballsaal aufgebaut, in der Mitte eine hohe Wendeltreppe mit Empore. »Da kommste von da oben runter – nich – , dann fängste bei den ersten Sätzen an zu lallen – nich – und dann –

79

hysterischer Ausbruch. Wieder mal hat ein Kerl sie beschissen. Ungefähr in der Mitte der Treppe fällste zusammen. Wenn man dich abträgt, denkt jeder, nu isses aus, nu bringt se sich um. Oder so.« Ich reagierte ungläubig: »Meinst du wirklich? Ach... ach, du, ich möchte anders.« Bei mir war er erstaunlich duldsam: »Na, mach mal.« Ich demonstrierte: »Also ganz oben brülle ich los, torkele, falle, kugele die ganze Treppe abwärts – aus.« Ein wehleidiger Blick von ihm, immerhin war ich Mitte der Sechzig: »Aber wie kommste dann unten an?«

Ich machte es ihm einfach vor. Ich kannte doch noch meine alten Tricks einer Tänzerin. Sein Gesicht blieb ohne Ausdruck: »Tut das nicht weh?« Ich sagte: »Alles tut weh.« Er blieb passiv: »Jeden Abend? Und die blauen Flecken?« Ich winkte müde ab: »Habe immer blaue Flecken.«

So haben wir es dann gemacht. Nein, halt! Auf einer Probe kam ich noch vorher zu ihm: »Das ist doch bescheuert, wenn man mich unten abträgt. Also: großes Erstarren nach meinem Sturz. Pause. Ich raffe mich wieder auf, grinse besoffen und tanze völlig unvermittelt im Walzerschritt ab. Als ob nichts gewesen wäre.«

Es war wunderbar mit Fassbinder! Mit ihm hätte ich ein Leben lang Theater machen können. Lebenslänglich ausprobieren, was alles auf der Bühne möglich ist. Er regte meine Phantasie ständig an. Bei einem anderen Regisseur wäre mir vielleicht gar nicht so viel eingefallen. Seine verrückten Impulse reizten mich.

Er hat aufgeschrien, gegen alles. Das war seine

Kraft. Deshalb waren die Leute von seinen Filmen so erschlagen. Er kämpfte verzweifelt um den Glauben, daß die Menschen doch noch miteinander umgehen könnten. Er zeigte Lichtblicke auf, und die Grenzen gegenseitigen Verstehens. Er haßte die Heucheleien der Gesellschaft, den Mißbrauch in der Liebe. Damals schon hat er sich gegen die Profanierung der Medien gewehrt. Vor seinem Tode begann er zu resignieren. Denn er konnte nicht anders, er trug eine Sendung in sich.

Seine Mutter erzählte: Bereits mit fünf Jahren antwortete er auf die Frage, was er später werden will: »Filme machen.« In einem Alter, in dem man doch eigentlich davon noch gar keine Vorstellung haben kann. Was er sah und erlebte, hat Faßbinder immer in laufende Bilder umgesetzt.

Kurze Zeit nach unserer beglückenden Theaterarbeit durfte ich die »Trümmer«-Mutter in seinem Film »Die Ehe der Maria Braun« spielen. Ich erhielt dafür das Filmband in Gold.

9

Die Wanderbühne

Meine Droge ist das Leben. Es ist die einzige Droge, die Leben nicht gefährdet, nicht zerstört. Diese Droge besiegt Ängste, ist wie ein Sog, immer wieder von vorn zu beginnen. Sie hat meine Krankheit geheilt, auf dieses Leben verzichten zu wollen. Es ist die besitzergreifendste Droge, die genußsüchtigste. Sie verlangt den ganzen Menschen, in vollem Bewußtsein, im Wachsein. Sie stärkt die Erwartung des geschenkten Todes, der das einzige unbestrittene Erbe für die Menschen ist.

Die Droge Leben benötigt kein Lehrbuch, keine Gebrauchsanleitung. Sie motiviert sich selbst immer wieder aufs neue, sie macht alles möglich. O ja, ich hätte mir mein Leben sicherlich unabhängiger machen können, aber nicht freier. Meine Droge verzichtet nicht auf bedingungslose Liebe. Sie verlangt Kreativität, auch im Glauben. Vage Hoffnungen akzeptiert sie nicht, nur ein Leben nach eigenen Vorstellungen. Was man im Inneren sieht, kommt der Realität näher. Gut oder böse ist eine freiwillige Entscheidung. »Immer höher muß ich steigen, immer weiter muß ich schauen« war eine Empfehlung des Herrn Goethe. Träume entstehen aus Gedanken, die man auf den Weg schickt, und die nur dann realisiert werden können, wenn man die Inszenierung seines Lebens in eigenen Händen behält. Musik, Literatur, Malerei, Theater – das sind die Fundamente meiner Droge.

Ich habe es akzeptieren müssen, daß niemand da war, wenn es mir schlecht ging. Es hätte doch sein können, daß in meiner Not jemand gesagt hätte: »Komm, ich greife dir unter die Arme.« Oder er hätte mich einfach »in den Arm« genommen. Keiner war da. Doch eine ganze Anzahl von Menschen wollte mir noch den letzten Todesstoß verpassen. Wie Aasgeier. Auch »Nahestehende« rupften mit. Das ist grauenvoll, weil man es nicht erwartet. Meine Droge half mir, das alles künftig zu erwarten und Kräfte zu mobilisieren, um zu überleben. Sie half mir, ohne die Sensibilität zu verletzen radarähnlich der Zeit vorauszublicken, was alle Schrecken auflöst.

Ich weiß, für manche Menschen bin ich deswegen ein echter Dorn im Auge, weil ich mich stets auf etwas verlassen kann. Etwas, was sie vielleicht nicht abrufen können. Das ist meine Droge. Wenn ich frisch verwundet war, versuchte ich zu forschen, warum ich nicht verblutete. Da erkannte ich, daß meine Sucht nach Risiko auch meine Absicherung ist, denn wer geht schon mit mir nach oben, aufs Seil ohne Netz?

Wahrhaftig, das Leben ist viel weniger lustig als es mal war! Wir werden wohl täglich »auf den Arm« genommen. Die »Journaille« wechselt wahllos von der »Liebe zu dritt« über den »bestialischen Krieg« zum

Sexualmord an Kindern. Man könnte versucht sein, just an der falschen Stelle zu lachen oder zu weinen. Hysterisches Kichern, vom Grauen ausgelöst. Erotische Animation während eines unterhaltsamen Quatsches. Tödliche Langeweile als Folge angestrengter Zukunftsträumereien. Der Verfolgungswahn steht an, auf den falschen Knopf gedrückt zu haben. Von einer sehnsüchtig nicht erwünschten Kanalberieselung eingeholt.

Die Spitze des Eisberges aber ist eine Lektüre verschiedener Feuilletons, die sich mit dem Theater befassen. Was man da alles zu lesen bekommt! Man stelle sich vor: zwei Kritiker besuchen am gleichen Abend die gleiche Aufführung. Den einen hat die Darbietung euphorisch, den anderen schlaftrunken gemacht. Nun, das soll vorkommen, zum Glück ist persönlicher Geschmack an nichts gebunden. Aber bei Kritikern scheint eine gewisse Voreingenommenheit an den Wurzeln ihres Wahrnehmungsvermögens zu nagen. Ein lebensgefährlicher Beruf, der die Sinne verwirrt. Kritikverdrossen wurde deshalb extrem unterschiedlich berichtet, als handele es sich nicht um ein und denselben Abend. Einmal wurden lautstarke Pfiffe wahrgenommen und das Publikum strömte empört dem Ausgang entgegen, dann wieder verharrten die Menschen eisern bei »standing ovations«.

Trotzdem versetzt das noch in geringeres Erstaunen als bei Ankündigungen literarischer Neuerscheinungen, die ein »Fachblatt« empfiehlt. Da liest man zum Beispiel von der überragend geglückten »Fäkalsprache« eines enorm begabten Stückeschreibers. Sogar

von einer dementsprechenden Erneuerung der Thea-
terdramaturgie!

Vor diesen Bildungslücken muß der Schauspieler
allerdings in die Knie gehen. Sein Repertoire umfaßte
bisher neben der hochdeutschen Theatersprache vielleicht noch einige Dialekte und Fremdsprachen. Jetzt
aber muß er eiligst die Fäkalsprache erlernen, um »en
vogue« zu bleiben.

Wenn ich in den letzten Jahren die Flucht der Büros
subventionierter Theater entlangging, überfiel mich
stets ein ungeheures Heimatlosengefühl. Schon deshalb zog ich es viele Jahre vor, auf Tournee zu gehen.
In den sogenannten Provinzstädten wartet das Publikum Monate im voraus auf das Theaterereignis. Die
Stücke werden gelesen und in den Schulen diskutiert.
Oft lernt man Gemeinden und Menschen kennen, in
einer fast noch ungestörten Welt.

Drei »Zugpferde« in einer Familie. Zugpferde sind
Schauspieler mit Namen, die es garantieren, Vorstel-
lungen zahl- und erfolgreich zu verkaufen. Wolfgang
Kieling war mit einem Unternehmen auf Tour, er
spielte Joe Ortons »Seid nett zu Mister Sloane«. Su-
sanne Uhlen reiste mit Goethes »Stella«, zuletzt ich mit
Camus' »Das Mißverständnis«. Das gab mir doch zu
denken! Wäre es nicht naheliegend, selbst zu planen,
Erfolg und Verdienst auf eigenes Risiko zu nehmen?
Vom Blitz der Erkenntnis getroffen, gründete ich am
Tage meines 45jährigen Bühnenjubiläums spontan
die »Wanderbühne Gisela Uhlen«.

Theater im traditionellen Sinne wollte ich machen, keine Effekthascherei. Selbstverständlich immer auf der Suche, die literarische Vorlage zeitgemäß zu transponieren, zu aktualisieren, aber nicht zu verfälschen. Das Publikum gewissermaßen mitarbeiten zu lassen, Spielpläne zu diskutieren. Ich bin der Meinung, daß man ein Publikum hinlenken kann auf Probleme, die es immer gegeben hat und immer wieder geben wird. Sie müssen zum gemeinsamen Interesse werden, aber nicht durch abwegige, introvertierte Regietaten verfremdet.

Tourneelisten hatten sich bei mir über zehn Jahre angehäuft. Ich kannte alle Theatergemeinden, Städte und Hotels. Also habe ich wieder einmal von vorn angefangen, mit 62 Jahren. Als Unternehmerin eines selbständigen Theaterbetriebes. Was ich an Geld besaß, wurde investiert. Ich verstand mein Geschäft. Es wurde so erfolgreich, daß der Neid um mich herum aufblühte. Die Konkurrenz tat alles, was mir schaden sollte. Böse, aus der Luft gegriffene Gerüchte konnten meine Erfolge nicht schmälern. Die Kritiker schrieben: »Endlich ein Tournee-Theater mit Staatstheater-Niveau.« Wir spielten Ibsens »Gespenster«, Regie Professor Boleslav Barlog, der jahrelang am Schiller-Theater mein Intendant gewesen war. Susanne war Regine, ich Frau Alving, Robert Hunger-Bühler entdeckte ich als Oswald. Als Kontrastprogramm lief eine Boulevardkomödie »Ankomme Dienstag…« mit Fritz Wepper. Er hatte lange nicht auf der Bühne gestanden und mußte erst einmal abspecken. Weitere Pläne waren: »Die Party« von Jane Arden. In London wurde das Stück uraufgeführt, mit Charles Laughton in der Hauptrolle. Wolfgang Kieling sollte spielen, zusammen mit Susanne, im Stück auch seine Tochter. Ich hatte vor, »Nora« zu inszenieren, ein Stück, das mich mehr als 30 Jahre begleitet hatte. Diesmal sollte Susanne die »Nora« sein. Ebenso hatte mich jahrelang Osbornes's »Entertainer« in Bann gehalten. Mit Martin Held spielte ich zunächst in Berlin die Tochter Jean, später mit Hannes Messemer dessen Frau Phoebe. Diesmal sollte Wolfgang Kieling Archie Rice sein, Susanne die Jean, ich wieder Phoebe. Wenn man das Glück hat, so viele Jahre mit einem Stück »verheiratet« zu sein, steht man darüber und kann wunderbar die Fäden ineinandergreifender Schicksale spinnen. Es wäre jede Rolle auf den Punkt besetzt gewesen. Als Krönung sozusagen planten wir »Die Irre von Chaillot« von Jean Giraudoux. Alles war vorbereitet, die Tourneen auf Jahre im voraus abgeschlossen. Da mußte sich Wolfgang Kieling plötzlich einer Operation unterziehen. Er konnte den Krebs nicht besiegen. Er starb 1985 nach entsetzlichem Kampf, der über fünf Monate gedauert hatte.

Alles aus. Ich machte noch weiter wie im Traum, spielte die »Irre von Chaillot«. Aber die Absagen jahrelanger Planungen rissen mich auch in ein finanzielles Loch. Hätte ich dennoch weitergemacht, wäre es noch zu retten gewesen. Aber ich habe versagt. Der Kummer saß zu tief. Mit Wolfgangs Tod konnte ich nicht rechnen. Sein Schicksal ließ mich verzweifeln. Ich habe mich lange gequält, ehe ich mich entschloß, die »Wanderbühne« endgültig aufzugeben.

Ein Teil meines Lebens hatte mich verlassen. Ich war kraftlos geworden. Aufgeben ist ein großer Fehler. Trotz dieser Erkenntnis werde ich nie ähnliche Sprüche akzeptieren, wie: »Hätte ich nur…« – »Wenn ich doch…« Das ist vergeudete Zeit. Nein, mit mir nicht!

Wo war sie, meine Droge? Alles erschien mir sinnlos. Worum noch kämpfen? Brauchte ich diese Droge noch, die mir mein Leben lang keine Ruhe gelassen hatte?

Jemand stand hinter mir. Jemand hatte sein Hände auf meine Schultern gelegt. Können Tote rufen? Ich wußte auf einmal, wenn ich einsehen würde, daß Wolfgang von nun an immer bei mir ist, könnte ich seinen Tod überwinden. Ich klammerte mich an diese Idee. Ich erkannte plötzlich kleine Zeichen, Botschaften, die er mir schickte. Irgend etwas hatte sich während meiner Abwesenheit im Raum verändert. Ich sah Dinge, die ich vorher nicht wahrgenommen hatte. Irgend etwas war vom Tisch gefallen oder ein Foto von der Wand. Ich beobachtete eine langbeinige Spinne, wie sie an der Wand langsam ein Bild einkreiste. Ein seltener Frosch saß auf der Terrasse, schaute in die Wohnung. Ein kleiner Vogel hatte sich ins Zimmer verirrt. Seit Jahren sah ich an meinem Geburtstag wieder einen Maikäfer fliegen. Ich versuchte, meine Gedanken darauf zu konzentrieren, ob der Glaube nicht auch eine Ruhepause benötigt. Oder ob man sich dadurch der Gefahr aussetzt, ihn zu verlieren. Ob es gut war, das Risiko einzugehen, die Zweifel neu zu überprüfen. Eine Kraftprobe, alles in neuem Lichte sehen zu können. Jetzt wußte ich es: ich hatte mit Wolfgang einen Komplott geschlossen.

Im Krankenhaus hatte er mich gewarnt: »Paß auf! Die Menschen sind zynisch, sind gemein.« Er konnte jedoch nicht ahnen, wie ich nach seinem Tode diesen Menschen ausgeliefert war. Die Presse erfand törichte Schlagzeilen. Als ich wegen Wolfgangs Leiden Termine storniert hatte, ohne den wahren Grund preiszugeben, beschimpfte mich ein Theaterleiter, ich sei unseriös. Dieser Herr rief später noch einmal an, ich solle ihm den Ausfall bezahlen. Ich konnte nun vom Tode sprechen. Er erwiderte: »Nun ja, Schlagzeilen hat er doch immer gemacht.«

Meine Seele war so wund, daß ich ununterbrochen körperliche Schmerzen verspürte. Ich hätte mir eine Operation gewünscht. Ich glaubte, Blut könne vielleicht die Schmerzen vom Herzen waschen. Nun mußte ich um meine Existenz kämpfen, schonungslos. Die Presse verleumdete mich, absurde Anschuldigungen wurden erfunden.

Ich nahm wieder Kontakt mit dem Leben auf, dem Leben, das meine Droge ist.

Eine Idee hielt mich im Bann, ich baute Zahlentürme auf. Sture Berechnungen gehörten nun zu meinem Leben. Verbissen spielte ich Systemlotto, es artete direkt in Arbeit aus. Ich gewann. Nach wenigen Wochen hatte ich viel Geld. Wenigstens so viel, um dringendste Schulden zu bezahlen. Das tat ich in aller Hast und Eile. Es war eine große Befreiung für mich. Allerdings später, als das Geld längst verteilt war, gab man mir den Tip, es ein Jahr liegen zu lassen. Dann hätte ich genug Zinsen gehabt für die Schulden. Dazu noch den Rest für mich.

Ich lachte und lachte. Typisch für mich, Spekulationen gegenüber bin ich taub und blind. Niemand kann aus seiner Haut, aber ich hätte auch die Verpflichtungen gar nicht so lange ertragen.

Ich war glücklich, ich hatte meine Droge wieder in der Hand. Ich machte mir das Leben unkomplizierter, zog weg vom Zürichsee, in die Altstadt. Kein Auto mehr, weniger Kosten, näher dem Zürcher Schauspielhaus. Wenige Tage später bekam ich das Textbuch »Der letzte Gast«, meine Rolle: Oskar Werner. Meine Droge hatte mich wieder in ihre Arme genommen.

10
Eine Reise
in die Vergangenheit

Wie ein riesiges Dach hängt eisrauchiger Winternebel über der Großstadt. Durch bauchige Unterführungen rasen die S-Bahnen, überqueren Straßenhöhen und Überbauungen. Durch das klebrige Fenster eines Abteils wechseln fliehende Lichter über das Gesicht einer Frau. Dunkle, unruhige Locken von einer engen Filzkappe gehalten, umrahmen ihr schmales Gesicht. Ihr Blick gleitet vorbei an grauen Betonhäusern, über rote Dächer, über schwarze, kahle Bäume. Um sie herum, hinter breiten Zeitungswänden versteckt, träumen in sich zusammengesunkene Menschen dem Schlaf hinterher.

Der Zug hält im Bahnhof unter der Erde. Die Frau steigt die breite Steintreppe empor. Vom trüben Tageslicht geblendet, wird sie von einer Menschenmenge aufgehalten, die einen weiten geschlossenen Kreis um eine Bank bildet. Wie auf einer grünen Insel sitzt in der Mitte eine alte Frau. Ihre Finger sind knorrige, mürbe Äste, sie kneten einen schmutzigen Lappen. An diesem alten Taschentuch hält sie sich fest. Sie pöbelt gegen die anonyme Masse »Verbrecher – überall –

schlimmer noch als der Nazibetrug – alles nur Betrug – der Atommüll wird euch noch den Hals zuschütten – Gott wird es euch zeigen – ihr Heuchler – Gott, ja Gott, da, da, da...« Ihre unbesonnene Litanei setzt sie lautstark fort.

Die Leute schütteln stumm ihre Köpfe, gehen dann stupide ihres Wegs. Die Frau aus der S-Bahn steht in einiger Entfernung, ihre Hände tief in den Jackentaschen vergraben. Dann geht auch sie.

Vor einer schmutzigen Häuserwand verharrt sie eine Weile, fällt dann in eine gläserne Drehtür hinein. In dem großen Raum stürzt Licht aus Deckenfenstern von oben herab. Ein Leihhausschalter reiht sich an den anderen. Davor kleinere Gruppen oder lange Schlangen von Menschen. Sie tragen verhüllte Gegenstände und alte Koffer. Es sind meist ältere Frauen, die ihren Stolz längst beiseite gestellt haben, wenn es gilt, Termine ihrer dürftigen Existenz einzuhalten, Fristen zu verlängern. Das »von der Hand in den Mund leben« steht in ihren Gesichtern geschrieben, ist längst zur Gewohnheit geworden. Die Männer sind unterschiedlich besser oder schlechter gekleidet. Rote, gedunsene Gesichter, nikotinbraune Finger. Sie sind entschlossen, für den blauen Dunst oder das Vergessen im Alkohol die allerletzten Habseligkeiten heranzuschleppen. Sie wissen: nur ein Wunder könnte ihnen noch helfen, eines Tages diese Pfänder wieder auszulösen. Der Anschein sollte trügen, es handele sich hierbei um ein Geschäft, nicht aber ums nackte Überleben.

Die Frau aus der S-Bahn trägt jetzt eine dunkle

Brille, hat den Jackenkragen hochgeschlagen. Sie zieht einen schmalen Brillantring vom Finger, offensichtlich spürt sie, daß die Beamten hinter den Milchglaswänden sie wiedererkannt haben.

Dann steht sie wieder allein, die Frau, im Trubel der Straße. Unter dem Schatten einer Toreinfahrt beobachtet sie das Lokal gegenüber der Straße. Eine ganz andere Frau ist sie jetzt, wie sie da steht. Eine Frau, die mit energischen Schritten die Straße überquert.

Es ist eine kleine »Stampe« mit antiquiert verrußtem Charme. Sie tritt ein und sucht nach einem raschen Rundblick Zuflucht an einem kleinen Ecktisch. Den Kellner weist sie mit den Worten ab »danke, noch nicht, ich warte noch, ich bin nicht allein«. Sie geht zur Toilette, ganz nahe am Spiegel betrachtet sie dort ihr Gesicht, reißt dann die Lockenperücke herunter, ihr kurz geschnittenes Haar streicht sie glatt. Nach vielen Jahren des gegenseitigen Vergessens will sie das Wiedersehen wagen, so, wie sie wirklich ist. Älter auszusehen, ist ihr jetzt nicht mehr wichtig. Sie stopft die Perücke in ihre Handtasche und eilt zum Tisch zurück.

»Beatrice!« Ihr ehemaliger »Romeo« steht vor ihr. Ein von der Zeit zerzauster Komödiant. Ganz offensichtlich trägt er ein Toupet. Der Frau entschlüpft ein leises »Gott sei Dank«. Er kann nicht ahnen, daß es lediglich ihrer Perücke gilt, die in der Handtasche tief vergraben liegt.

Ein kurzer Blick der erfahrenen Frau genügt, um die Situation des Mannes zu erfassen.

Harry Helm wechselt vom galanten Handkuß über

zum väterlichen Befehlston: »Bleib stehen, mein Kleines.« Die Frau steht stramm vor dem Tisch, wie Kinder Zinnsoldaten spielen. Steht stramm vor ihrem ehemaligen Liebhaber. Auf einmal lachen sie, der Mann und die Frau. So, wie sie damals gelacht haben. Der feierliche Augenblick des Wiedersehens ist überwunden. »Du bist unverändert, unglaublich. Wie machst du das bloß?« Sie lächelt selbstsicher. »Mein Lieber, so sehr, wie deine Augen schlechter geworden sind, so sehr habe ich mich auch verändert.«

Irritiert nähert sich der Kellner. Ein zweifelnder Blick auf die kurzen Haare der Frau. Harry flötet: »Haben Sie ›Wehlener Sonnenuhr‹?« Der dienstbare Geist stottert, der Wunsch erscheint ihm außergewöhnlich. »Mal sehen, würde mich sehr wundern.« Er rauscht beleidigt ab. Harry wirft sich in die Brust und mit kühnem Schwung über den Tisch, zieht die Hände der Frau wie im Gebet an sein Herz: »Beatrice, weißt du noch? An unserem ersten gemeinsamen Drehtag haben wir uns auf der Szene mit ›Wehlener Sonnenuhr‹ zutrinken müssen. Am selben Abend noch hast du mich in deine Pension entführt.« Dann unvermittelt: »Ich brauche wohl kaum zu fragen, wie es dir geht. Du schaffst es doch immer. Erfolge wie in alten Tagen, es ist den Zeitungen zu entnehmen.« Das Gesicht der Frau wirkt augenblicklich ganz klein, ganz durchsichtig, viel älter.

Sie senkt den Kopf. »Erfolge, mein Gott! Wenn man diese verdammten Berg- und Talfahrten Erfolge nennen will.«

Die ›Wehlener Sonnenuhr‹ wird tatsächlich serviert.

Harry hebt theatralisch sein Glas: »Prost, meine einzige große Liebe. Lebst du jetzt eigentlich allein, oder…« Beatrice taucht in die Gegenwart zurück. »Ja allein, aber das kann sich ja jederzeit ändern.« Ihr gemeinsames Lachen tönt viel zu laut. Harry: »Ich lebe mit einer jungen Tänzerin zusammen, natürlich sollst du sie kennenlernen. Sie kommt gleich.«

Unendlich müde ist Beatrice geworden. Von nun an fällt es ihr sichtlich schwerer, der Erinnerung weiter nachzuhängen. Er sucht ihre Augen: »Ich hatte immer gehofft, von Jahr zu Jahr, du würdest zu mir zurückkommen.« Nervös versteckt sie die Hände im Schoß. »Ja, ja.« Mit einem plötzlichen Ruck liefert sie ihm ihr Gesicht ungeschützt aus. »Weißt du, es wäre bequemer, im Schatten des Lebens zu stehen. Es hat wenig mit Liebe zu tun, wenn man von unbekannten Menschen geliebt wird. Immer eine Korsage tragen zu müssen, das ist eine Qual. Sie hält ein Wesen zusammen, das von anderen erfunden wurde.« Sie hat offensichtlich Mühe durchzuatmen. Fühlt sich auf einmal so alt, wie sie wirklich ist. »Verzeih bitte«, flüstert sie mit heiserer Stimme, »ich wollte dir wirklich nicht die Laune verderben, aber heute morgen bin ich auf der Straße einer alten Frau begegnet. Sie hat mich tief beeindruckt. Völlig sinnlos schrie sie ihren Frust von der Seele. Gegen alle. Gegen alles. Ich glaube, die Menschen begraben ihre Träume viel zu früh, machen einfach immer weiter. Weißt du, es ist etwas anderes, wenn junge Leute revoltieren. Von ihnen möchte man es erwarten. Wenn aber so ein alter, kraftlos gewordener Mensch sich gegen die Dinge wehrt, die allgemein in Trägheit akzeptiert werden oder gar nicht mehr erkannt, berührt mich diese hilflose und nackte Verzweiflung mehr als jeder jugendliche Aufstand.« Beatrice hat Tränen in den Augen.

In diesem Augenblick werden die Augen des Mannes von überlangen roten Fingernägeln zugedeckt. Eine schrille Frauenstimme übertönt sogar die Melodie des Musikautomaten. »Hoffentlich habt ihr nicht zu lange auf mich warten müssen. Willst du mich nicht deiner berühmten Jugendliebe vorstellen, Harry?« Sie scheint sich Mut angetrunken zu haben.

Der Komödiant und die Tänzerin haben nicht bemerkt, wie rasch Beatrice schweigsam geworden ist. Und ganz unbemerkt gelingt es ihr nach kurzer Zeit, vom Tisch zu verschwinden.

Irgendwann verläßt eine Frau mit lockigem Haar eilends das rauchige Lokal.

Wie blind passiert Beatrice die bunten Auslagen der Schaufenster. Am Rande einer Grünanlage setzt sie sich auf eine Bank, läßt ihren Kopf zurückfallen auf das kühle Holz der Lehne, schließt die Augen. Jetzt fühlt sie sich wieder frei, kann aus all dem, was sie erlebt hat, machen, was sie will. Damals war sie mit einem jungen strahlenden Schauspieler Hand in Hand spazieren gegangen. Wie auf Flügeln hatten sie sich gefühlt, gemeinsam Verse auswendig gelernt. Sie erinnert sich an den bunten Jahrmarkt ihrer Kindheit, an das Karussell mit dem weißen Elefanten.

Eine Wahrsagerin orakelte ihr vor Monaten, »einen alten Freund werden Sie wiedersehen. Die Liebe werden Sie von Neuem entdecken.«

Sie hatte darüber gelacht, aber sie hatte ihm doch geschrieben.

Jetzt weiß sie, es wird immer so weitergehen. Immer so wie bisher. Sie wird arbeiten und im Rampenlicht stehen. Während kurzer Pausen neuen Atem holen. Sie wird den Menschen, die im Schatten stehen, stets näher bleiben als den grellen Lichtern ihrer Erfolge, die im ständigen Wechsel kommen und gehen. Sie wird sich Kraft holen von Unbekannten, von Menschen, die ihr applaudieren und die ihr Geheimnis nicht kennen.

Der innere Widerstand gegen das einsame Leben wird sie immer mehr verlassen. Ganz unbemerkt.

11
Abenteuer Tod

Die wenigsten Menschen ahnen, welche Kraft aus dem Alleinsein zu holen ist. Künstler wissen um den Ausgangspunkt ihrer Kreativität – es ist die Einsamkeit. Man denke nur an die Einsamkeit des Schauspielers, wenn er auf der Bühne steht, vor ihm das unbestimmbare schwarze Loch des Zuschauerraumes. Und der Schriftsteller ist geradezu auf Isolation angewiesen, das weiß er spätestens dann, wenn er das leere Blatt Papier vor sich hat.

Alleinsein, das man sich selbst verordnet, bricht Einsamkeiten auf, ja verstärkt geradezu Kontakte mit der Außenwelt. Abwesende rücken näher, wenn Anwesende in den Hintergrund getreten sind. Alleinsein schenkt die Freiheit der Entscheidung, wann man Zwiesprache halten möchte und mit wem.

Meine Sehnsüchte konzentrieren sich selten auf etwas Bestimmtes, die Neugier nach Unbekanntem ist stärker. Fast eine Sucht, die Grenzen der Phantasie zu sprengen, die Phantasie als positive Macht anzuerkennen. Meine Droge Leben hat mich unabhängiger gemacht von dem Möglichen und Unmöglichen. Nur wenn ich zeitweilig kraftloser reagierte, kam die Einsamkeit zu mir, die Einsamkeit inmitten der Menschen. Dann fiel ich zurück in den Zustand meiner Kindheit, in die Lust, die anderen in Rollen zu sehen. Meine eigene Existenz wurde weniger bestimmbar, ich hatte mir weniger zu sagen. Auf erneuter Suche nach meiner Droge aber, erhielt das Bewußtsein auch eine neue Qualität der Freiheit. So ist es möglich, daß ich verloren auf einer Bank in Zürich, Paris, Berlin oder München träume, und mich an Rumpelstilzchen erinnere: »Ach, wie gut, daß niemand weiß...«

Die Sehnsucht nach Erfüllung einer großen Liebe kann einen dem Tod sehr nahebringen. Die Haut bleibt. Die eigene, der man nicht entfliehen, die andere, die man nicht durchdringen kann. Zweimal eine Wand, die einzureißen nur mit körperlicher Vereinigung im Tode möglich wäre. Im Leben ist diese Droge unerreichbar.

Mit den Jahren wurde es für mich immer wichtiger, Kontakte abzubrechen. Beziehungen, die vordergründig vom Alltag geprägt waren. Das führte zu dem Wunsch, in einem anderen Land zu leben. Ein Rückzug, dem keine Entfremdung folgen sollte. Im Gegenteil. Ich wollte keine allmähliche Distanzierung durch Auflösung gemeinsamer Interessen. Die Einsicht, daß jeder Mensch im Netz seines eigenen Lebens verstrickt ist, diese Einsicht zwang mich zu einer Überprüfung gewohnheitsmäßiger Beziehungen und Neigungen. Die Liebe erschien mir dadurch wertvoller. Zur Choreographie meines Lebens gehörte es vor allem, wie ich mich von meinen Kindern abnabeln konnte und mit welcher Kraft ich da sein kann, wenn ich gerufen werde.

Bis ins hohe Alter wird der Tod verdrängt. Deshalb sehen alte Gesichter oft so erschrocken aus, so eingeschneit. Schockwirkungen der Angst haben sie geprägt. Aber für sein Gesicht ist man allein verantwortlich, es wird ein Leben lang von innen her gezeichnet. Aus den Augen spricht die Seele.

Warum wird den Kindern nicht gelehrt, daß sie groß, klug und stark werden müssen, um eines Tages dem Tod gefaßt gegenübertreten zu können? Ich denke, die Tiere sind darin dem Menschen voraus. Sie spüren die Begrenzung ihrer Zeit. Ich hatte immer wieder Lebensgemeinschaften mit Hunden, Katzen, Vögeln. Ich konnte deren Gelassenheit bewundern, gegenüber dem, was die Menschen Schicksal nennen, und ich schäme mich der menschlichen Arroganz, tierisches Verhalten abzuwerten.

Die Bergbesteigung zum Alter birgt immer neue Chancen der Erkenntnis. Falsche Erwartungen aber können eine tödliche Wirkung haben. Natürlich ist die Abnutzung des Körpers, sein Verschleiß, mit vielen Schmerzen verbunden. Ein Zwang zur Entwöhnung. Erst wenn die Schmerzgrenze erreicht ist, hat der Tod sein Einsehen, damit muß man rechnen. Eine Zärtlichkeit nach der anderen geht verloren.

Die Irrtümer im Leben sind Hinweise darauf, daß die individuelle biologische Kurve gegenüber der gesellschaftlichen Norm verteidigt werden sollte, ohne fremde Spielpläne zu akzeptieren, die vielleicht aus dem Leben nur eine Litanei des Überlebens machen.

Glück, was ist das eigentlich? Ist diese Empfindung unabhängig von äußeren Gegebenheiten und Voraussetzungen? Ich glaube, Glück läßt sich nur aus der Distanz ermessen. Glücklich zu sein kostet viel Kraft. Drogen, die vom Leben wegführen, mindern diese Kraft, sind nur Gift, mit dem man gegen das Leben verstößt. Sie zerstören Entscheidungsfähigkeit und Selbstachtung in der Abhängigkeit. Die Realitätsflucht muß ein Irrtum bleiben, der die Zeit abwürgt. Man darf es nicht vergessen: auch der eigene Tod ist schnell eine Nachricht von gestern.

In meinem Buch »Mein Glashaus« schrieb ich: »Das Alter ist eine Frage der Intelligenz, man kann es sich nur vermasseln, wenn man es zu versäumen wünscht. Ein Leben sollte so wertvoll geworden sein, daß es sich lohnt, zu sterben.«
Den einzigen Satz, den ich aus meinem ersten Buch zitiere, setze ich an das Ende meines zweiten Buches.

Nachwort

Wenige Tage, bevor mein Buch in den Druck geht, lese ich über den radikalen Untergang meiner geliebten Schiller- und Schloßparktheater.

Eine bekannte Illustrierte spottet: »Es ist der letzte Akt der vitalsten und beeindruckendsten Inszenierung der letzten 15 Jahre.«

Ich sage: Es ist eine Inszenierung von Heuchlern.

Das urplötzliche Gedränge des sensationslüsternen Publikums veranlaßte eine Besucherin zu dem Aufschrei: »Wo sind denn hier nur Fluchtwege?« Nun, diese Fluchtwege hatten die Theaterbesucher während der letzten Jahre ungetarnt benutzt, als die »zähtrüben Abende in der Bismarckstraße« stattfinden durften.

Die offiziell Betroffenen des jetzigen Spektakels sind die Verursacher, die jetzt wie Pech und Schwefel zusammenhalten. Ihre Verträge sollen ausbezahlt werden, darüber hinaus noch mit pauschalen Abfindungen vergoldet. Alles bleibt also wieder beim Alten, so wie ich es in meinem vierten Kapitel, »Die Liebe des Publikums« geschildert habe; Gelder, die künstlerischen Zwecken versagt blieben, fließen nun in private Abfindungskanäle.

August Everding ließ verlauten: »Wo Kultur wegbricht, ist Platz für Gewalt.« – Sollte er nicht bemerkt haben, daß die sogenannten progressiven Regietaten unsere Theater längst gewalttätig machten?! Effektheischende Gewalt auf der Bühne und Schauspieler, die aus existenziellen Gründen gezwungen sind, sich vor diesen Karren spannen zu lassen.

Am letzten Abend des Schiller-Theaters »waren bereits kein Intendant und keine sogenannte Schillertheater-Prominenz mehr im Hause erschienen.«

Boleslaw Barlog's Kommentar: »Ein Provinztheater kann nicht weiter durchgefüttert werden.«

Hat die Bürokratie es geschafft, die Übeltäter endlich aus unseren Tempeln zu jagen?

Teil 2

1936 Als Gretchen in *Faust* von Johann Wolfgang Goethe

Nächste Doppelseite:
1936 In dem Film *Annemarie*. Regie: Fritz Peter Buch

Annemarie

Die Geschichte einer jungen Liebe

mit Gisela Uhlen, Viktor von Zitzewitz, Paul Bildt, Margarete
Schön, Elsa Wagner, P. W. Krüger

Drehbuch: Fritz Peter Buch und Bruno Wellenkamp, nach dem Roman
„Lauter Sonntage" von Bruno Wellenkamp

Musik: Franz R. Friedl / Bild: Carl Drews / Bau: W. A. Herrmann u. Alfred Bütow
Ton: Georg Gutschmidt / Schnitt: Friedel Buckow
Aufnahmeleitung: Viktor Eisenbach / Regieassistenz: Ernst Hasselbach

Spielleitung: Fritz Peter Buch

Herstellungsgruppe der Ufa: Krüger-Ullrich

Darsteller

Vater Brinkmann	P. W. Krüger	Frau Renken	Margarete Schön
Seine Frau	Elsa Wagner	Klaus, ihr Sohn	Viktor v. Zitzewitz
Annemarie) ihre (	Gisela Uhlen	Pfarrer Schröder	Paul Bildt
Lotte) Töchter (	Gertrud Boll	Christopher	Herbert Wilk
Hauptmann Brand	Hans Joachim Büttner		

Ferner wirken mit: Ernst Behmer, Gerhard Bienert, Ernst Gronau, Fritz Hoopts, Paul Schwedt
Siegfried Seefeld, Lotte Spira, Werner Stock, Rose Vollborn, Franz Weber, Eduard Wenck

Aufgenommen auf Klangfilm-Gerät / Afifa-Tonkopie

 Ein Georg Witt-Film der Ufa

Die Noten des Liedes sind im Ufaton-Verlag erschienen
Schallplatten auf den bekannten Marken

1936 Als Käthchen in *Das Käthchen von Heilbronn* von
Heinrich von Kleist

1937 Mit Horst Caspar in *Romeo und Julia* von
William Shakespeare

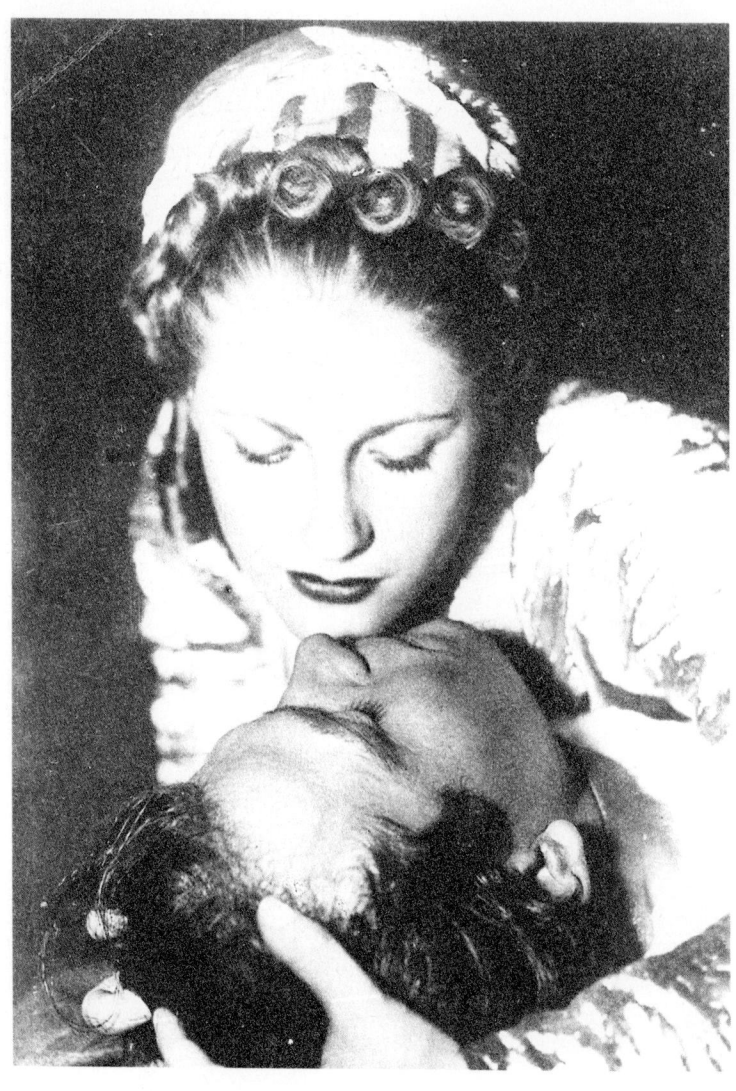

1937 Mit René Deltgen in *Romeo und Julia* von
William Shakespeare

1939 Mit Heinrich George in *Kabale und Liebe*
von Friedrich Schiller

1938 Mit Heinrich George in *Heinrich IV.* von
William Shakespeare

Linke Seite:
1938 Als Luise in *Kabale und Liebe* von Friedrich Schiller

115

Illustrierte
film-Bühne

Nr. 1251

Tanz auf dem Vulkan

1938 Mit Gustaf Gründgens in dem Film *Tanz auf dem Vulkan*.
Regie: Hans Steinhoff

117

1939 Mit Heinrich George in *Der Kaiser von Portugallien* von
Selma Lagerlöff

Linke Seite:
1939 Als Clara Fina in *Der Kaiser von Portugallien* von
Selma Lagerlöff

119

1941 In dem Film *Ohm Krüger*. Regie: Hans Steinhoff

1940 In dem Film *Die unvollkommene Liebe*. Regie:
Erich Waschneck

Rechte Seite:
1942 In dem Film *Schicksal*. Regie: Karl Hartl

1942 In dem Film *Rembrandt.* Regie: Hans Steinhoff

1945 Mit René Deltgen in dem Film *Der stumme Gast*. Regie: Harald Braun

Linke Seite:
1942 In dem Film *Symphonie eines Lebens*. Regie: Hans Bertram

Nächste Doppelseite:
1943 In dem Film *Die beiden Schwestern*. Regie: Erich Waschneck

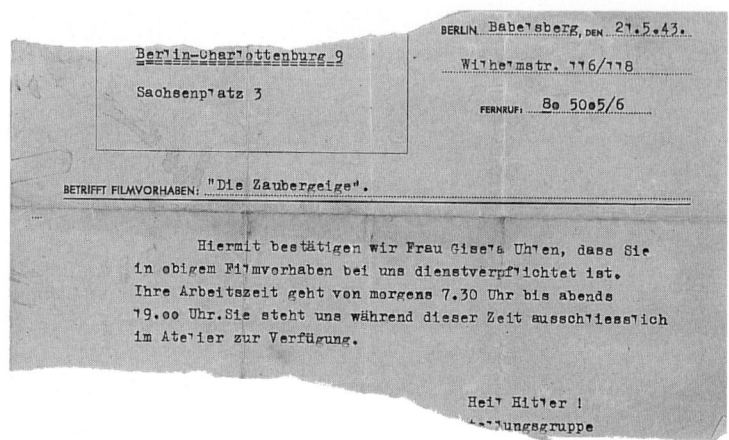

Die »Dienstverpflichtung« für den Film *Die Zaubergeige*

1944 Mit Will Quadflieg in dem Film *Die Zaubergeige*.
Regie: Herbert Maisch

130

1944 Mit Will Quadflieg in dem Film *Die Zaubergeige*.

HEIDELBERGER KAMMERSPIELE 1945 E. V.

Im Stadttheater

EURYDIKE

Schauspiel 4 in Akten von Jean Anouilh
übersetzt von Helma Flessa

Orpheus	⎱ Musikanten einer	. . . . . Werner Nippen
Sein Vater	⎰ Wanderkapelle	. Arnim Waldeck-Süssenguth
Eurydike	⎱	. . . . . Gisela Uhlen
Ihre Mutter	Schauspieler einer	. . . . . Helene Dietrich
Vincent	Provinztruppe	. . . . . Heinz Brehm
Mathias	⎰	. . . . . Beppo Riehl

Dulac, Impresario . . . . Joachim Ernst

Hilfsregisseur . . . . Arthur Pipa

Zwei junge Mädchen der Truppe ⎰ . . . Margot Wagner
⎱ . Annette Schleiermacher

Herr Hein . . . . Toni Dameris

Hotelkellner . . . . Karl Heinz Schäffler

Bahnhofskellner . . . . Karl Heinz Schäffler

Autobus-Chauffeur . . . . Anton Stein

Polizeisekretär . . . . Egbert von Klitzing

Die schöne Buffetdame . . . . Waltraud von Negelein

Inszenierung : Harald Braun
Bühnenbild : Helmut Nötzolt

Pause nach dem 2. Akt.

1945 Theaterzettel der ersten Nachkriegsaufführung
in Heidelberg

1945 Mit Albert Florath in *Gespenster* von Henrik Ibsen

1947 Mit Hubert Gensichen in *Die heilige Johanna* von George Bernard Shaw

1947 Mit Friedrich Schoenfelder in *Mary von Schottland* von
Maxwell Anderson

1947 Mit Friedrich Schoenfelder in *Bluthochzeit* von
Federico Garcia Lorca

WÜRTT. STAATSTHEATER STUTTGART · KAMMERTHEATER

Sonntag, den 19. Oktober 1947

Deutsche Erstaufführung

Bluthochzeit

Lyrische Tragödie von Federico Garcia Lorca

Deutsch von Enrique Beck

Inszenierung : Hermine Körner / Bühnenbild : Hans Christoph Schmolck

Die Mutter	Hermine Körner
Die Braut	Gisela Uhlen
Die Schwiegermutter	Elsa Pfeiffer
Die Frau Leonardos	Edith Heerdegen
Die Magd	Mila Kopp
Die Nachbarin	Annemarie de Bruyn
Das kleine Mädchen	Helga Arnold

	Eva Krutina
	Ilse Künkele
Sechs Mädchen	Ruth-Didier
	Irmgard Gaier
	Eva Köhrer
	Friederike Laubhardt

Leonardo	Harald Baender
Der Bräutigam	Friedrich Schoenfelder
Der Vater der Braut	Otto Schlandt
Der Mond	Jürgen Brock
Der Tod als Bettlerin	Erich Ponto

	Paul Dättel
Drei Holzfäller	Werner Schramm
	Walter Thurau

	Heinz Klöpfer
Drei Burschen	Hans Schmidt
	Kurt Eberle

Die Handlung spielt in den Bergen Kastiliens

Bühnenmusik: Josef Dünnwald / Musikalische Leitung: Hellmuth Löffler

Inspektion: Julius Carty

Technische Oberleitung: Hans Egert / Beleuchtung: Wilhelm Veit

Sieben Bilder / Kurze Pause nach dem 5. Bild

Beginn **18** 1/2 Uhr · Vord. Sperrsitz RM 6.— Ende **21** Uhr

137

1949 In dem Film *Eine große Liebe*. Welturaufführung im
»Marmorhaus« Berlin. Regie: Hans Bertram

139

1910

DER FALLENDE STERN

Ein Harald Braun-Film der NDF

mit WERNER KRAUSS · GISELA UHLEN · PAUL DAHLKE
MARIA WIMMER · DIETER BORSCHE · ANGELIKA VOELKNE
ELFRIEDE KUZMANY

Buch: Harald Braun und Herbert Witt   Musik: Werner Eisbrenn
Kamera: Richard Angst   Produktionsleitung: Jacob Geis
Regie: HARALD BRAUN

1950 In dem Film *Der fallende Stern*. Regie: Harald Braun

Bühnenskizze von Helmut Käutner für *Colombe*

Rechte Seite:
1951 Mit Berta Drews in *Colombe* von Jean Anouilh

1951 Mit Helmut Käutner in *Colombe* von Jean Anouilh

144

1951 Mit Carl Kuhlmann in *Colombe*

1951 Mit Erich Schellow und Gerd Martinzen in *Colombe*

1951 Mit Walter Franck in *Der Teufel und der liebe Gott* von Jean Paul Sartre

1952 Mit Rudolf Forster in *Augenblick der Wahrheit* von
Peter Ustinov

147

1952 Mit Wolfgang Kieling in *Lulu* von Frank Wedekind

Linke Seite:
1952 Als Lulu in *Lulu*

1952 Mit O. E. Hasse in *Lulu* von Frank Wedekind

Nächste Doppelseite:
1952 In dem Film *Türme des Schweigens*. Regie: Hans Bertram

150

Ro
und „Gurte anschnallen!", überfl
die „TÜRME DES SCHWEIGEN
3000 Jahre zurückliegenden Kultu
hafen von Damaskus beim Verlass
des Orients mit über 45 Grad im S
lernt de Vries Helen, die junge Frau
ein Armband. Kapitän de Vries, de
Schmuck der schönen Frau auf dere
zu überbringen. Hier bei Palmyra lie
lieferung das mit reichen Schätzen au
soll. — Die Begegnung mit de Vries is
ist des Lebens an der Seite eines Ma
lichen Gründen, sondern
entschlossen ist. Doch Ro
einzige Schatzjäger. Pell
ebenso hemmungsloser w
Ehrgeiz besessen, das G
Schätze zu heben. — Hele
Büroangestellte nach Am
de Vries wieder. Das un
mene Wiederseh
das plötzliche A
aus dem Gleich
unruhigt Helen n
und Pelli ist es

Türme a

EIN ALLEGRO /

REGI

Drehbuch: Walter Ulbrich und
Herbert Trantow · Bauten: N
Standphotos: Karl Bayer · Se
Harry Dettmann und Ror

D A

Captain de Vrie

Helen Morrison

Robert Morrison

Richard Poolma

Pelli

Colonel Souka

Schauplätze d
Orient: Damaskus —
Europa: Amsterdam —

...enn in der viermotorigen Con-
stellation der KLM auf der Orient-
...ilder aufleuchten: „Rauchen verboten"
...ländische Flugkapitän de Vries bereits
...der Toten, die letzten Zeugen einer
...d schlägt den Passagieren auf dem Flug-
...gekühlten Flugzeugkabine der heiße Atem
...egen ... Auf dem Flugplatz von Damaskus
...ologen Morrison, kennen, Helen verliert
...sziniert ist, nutzt die Gelegenheit, den
...tfernt liegenden Wohnsitz persönlich
...er Toten, in dem sich nach der Über-
...Grab der Königin Zenobia befinden
...von schicksalhafter Bedeutung: sie
...üssig, der nicht aus wissenschaft-
...Habgier zu einer Grabschändung
...son, Helens Gatte, ist nicht der
...s Gehilfe, und Poolmans, ein
...Abenteurer, sind vom gleichen
...önigin zu finden und seine
...n von Morrison und geht als
...r trifft sie Monate später
...cher aber nicht unwillkom-
...den Menschen wird durch
...on Poolmans in Amsterdam
...racht. Der Abenteurer be-
...enden Nachrichten: Morrison
...das Grab der Zenobia zu

...chweigens

...M VON HANS BERTRAM

...BERTRAM

...m · Kamera: Werner Krien · Musik:
... Arne Flekstad · Ton: Hermann Storr
...d Hinz-Nitschwitz · Aufnahmeleitung:
...roduktionsleitung: Jochen Genzow

...LER:

... Frits van Dongen
.... Gisela Uhlen
.... Carl Raddatz
...mann Schomberg
... Hans Stiebner
... Hans Hinrich

...dlung:
...Quasre el Heir
...en — Schiphol

HERZOG
FILM

1952 Mit Thomas Holtzmann in *Das Leben ein Traum*
von Calderon

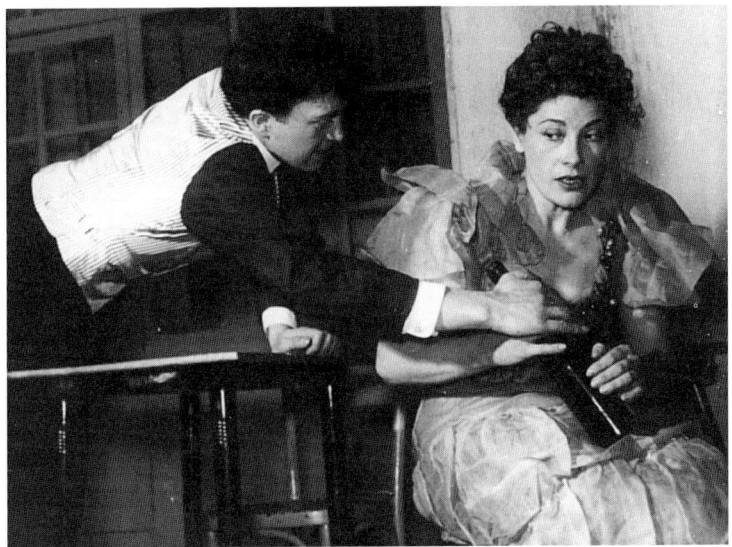

1953 Mit Wolfgang Kieling in *Fräulein Julie* von
August Strindberg

1954 Mit Wolfgang Kieling in *Ein Heiratsantrag*
von Anton Tschechow

Rechte Seite:
1954 Pausenphoto der Wiener Inszenierung von *Fräulein Julie*

156

1956 Mit Rolf Kutschera in *Der tolle Tag oder Figaros Hochzeit*
von de Beaumarchais

158

1958 In *Die schöne Schustersfrau* von
Federico Garcia Lorca

159

Zeichnung von Werner Klemke in dem Programmheft zu
Amphitryon 38

160

1957 Mit Waldemar Schütz in *Amphitryon 38* von
Jean Giraudoux

Nächste Doppelseite:
1959 Mit Berta Drews in *Eine Dummheit macht auch der Gescheiteste*
von Alexander N. Ostrovkij

161

1956 In dem Film *Das Traumschiff*. Regie: Herbert Ballmann

Rechte Seite:
1958 Mit Raimund Schelcher in dem Film
Der Prozeß wird vertagt.
Regie: Herbert Ballmann

164

PROGRESS
film
PROGRAMM

84/58

Der Prozeß wird vertagt

1959 Mit Peter Mosbacher in *Der Balkon* von Jean Genet

Rechte Seite:
1959 Mit Carl Raddatz in *Drei Schwestern* von Anton Tschechow

1963 In dem Film *Das indische Tuch* von Edgar Wallace.
Regie: Alfred Vohrer

1965 In dem Fernsehfilm *Der seidene Schuh* von Paul Claudel

1965 In *Der seidene Schuh* von Paul Claudel

1965 Mit Maximilian Schell in *Der seidene Schuh*

1967 In dem Fernsehfilm *Der schöne Gleichgültige* von
Jean Cocteau

1968 Als Kathrin in *Seid nett zu Mr. Sloane* von Joe Orton

1968 Mit Willy Trenk-Trebitsch in *Der Schatten* von
Evgenij Svarc

1971 Mit Günter Pfitzmann in *Vier Fenster zum Garten* von
Barillet/Grédy

Deutsches Schauspielhaus

Clare Boothe

Frauen in New York

Rechte Seite und nächste Doppelseite:
1976 Als Comtesse de Lage in
Frauen in New York von Clare Boothe

1978 Als Stella in *Geliebter Lügner* von Jerome Kilty
Linke Seite:
1978 Als Elsbeth Treu in *Die Kassette* von Carl Sternheim

181

1980 Als Mrs. Goforth in *Der Milchzug hält hier nicht mehr* von
Tennessee Williams

Nächste Doppelseite:
1986 Als Irre von Chaillot in dem gleichnamigen Stück von
Jean Giraudoux

1981 Als Atossa mit Günther König in *Die Perser* von Aischylos

1987 Als Claire Zachanassian in *Der Besuch der alten Dame*
von Friedrich Dürrenmatt

1990 Als Oskar Werner in *Der letzte Gast* von
Thomas Hürlimann (Probenphoto)

1990 Mit Matthias Scheuring in *Der letzte Gast* von
Thomas Hürlimann

1990 Mit Jürgen Cziesla in *Die Physiker* von
Friedrich Dürrenmatt

Rechte Seite:
1990 Als Frl. von Zahnd in *Die Physiker*

192

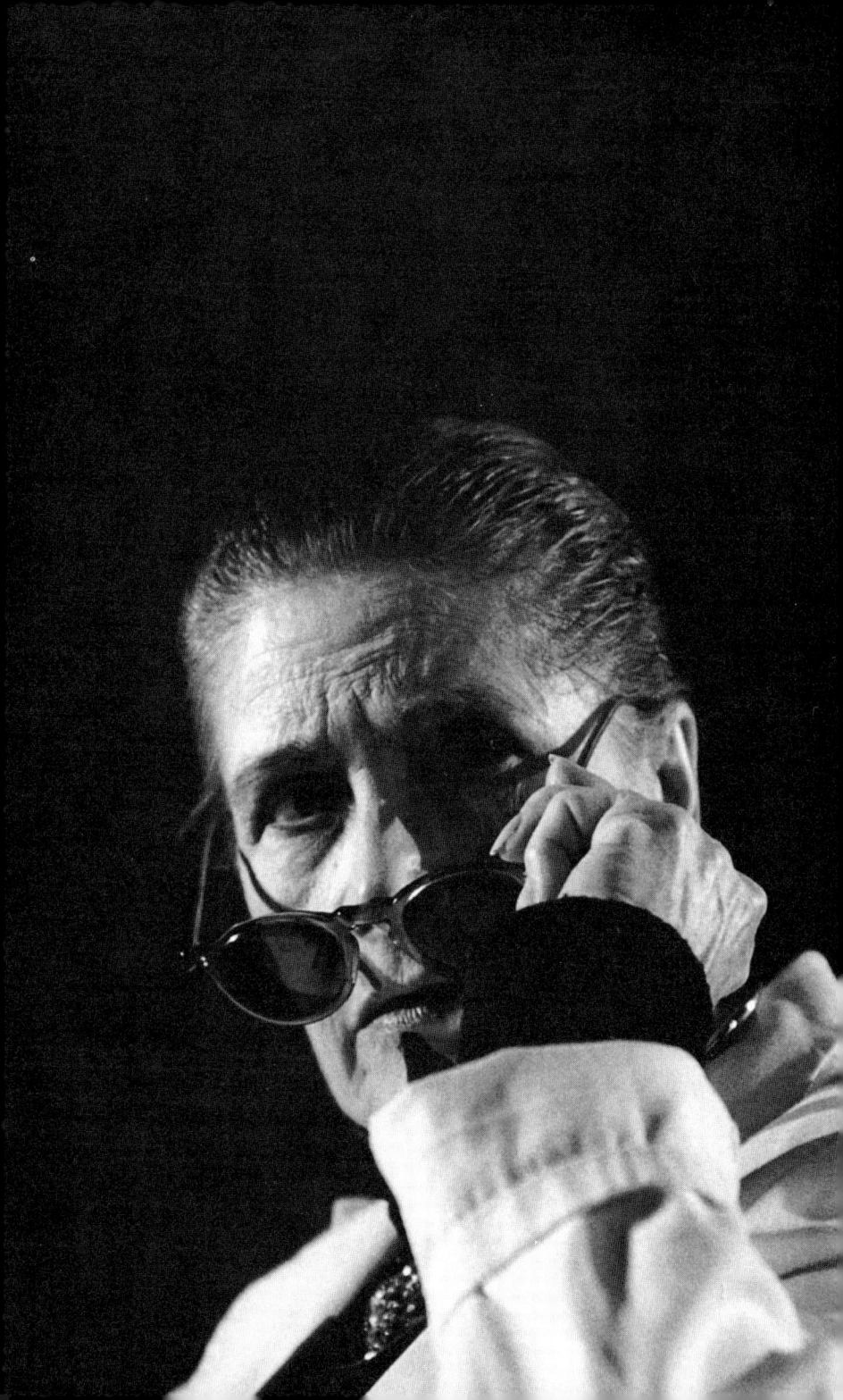

1991 Als Ina in *Tohuwabohu* von Judith Herzberg

Das Plakat zu dem Film *Toto der Held*: »Es ist nie zu spät, dem Leben einen anderen Lauf zu geben«

1993 Als Juliane Tesmann in *Hedda Gabler* von Henrik Ibsen

Teil 3

Theater

1933   *Verlorene Liebesmüh.*
Von William Shakespeare
Leipziger Schauspielhaus
(Freilichtaufführung
im Bitterfelder Volkspark)
Leitung: Otto Werther
Gisela Schreck (später Uhlen): Page
Motte

1936   *Faust.* Von Johann Wolfgang Goethe
Theater in der Saarlandstraße, Berlin
Insz.: Lily Ackermann. Gisela Uhlen
(GU): Gretchen
Das Käthchen von Heilbronn.
Von Heinrich von Kleist
Stadttheater Bochum
GU: Käthchen
Insz.: Saladin Schmitt
Mit Willy Busch u. a.

Der zerbrochene Krug.
Von Heinrich von Kleist
Stadttheater Bochum
Insz.: Saladin Schmitt
GU: Eve
Mit Willy Busch u. a.

1937 *Romeo und Julia.* Von William Shakespeare
Stadttheater Bochum
Insz.: Saladin Schmitt
GU: Julia
Mit Horst Caspar u. a.

Romeo und Julia. Von William Shakespeare
Schloßfestspiele Heidelberg
Insz.: Bruno Walther Iltz
GU: Julia
Mit René Deltgen u. a.

1938 *Kabale und Liebe.* Von Friedrich Schiller
Schiller-Theater Berlin
Insz.: Ernst Stahl-Nachbaur
GU: Luise
Mit Heinrich George, Paul Wegener,
Raimund Schelcher, Ernst Legal u. a.

Der Kaiser von Portugallien.
Von Selma Lagerlöf
Schiller-Theater Berlin
GU: Clara Fina
Mit Heinrich George, Walter Süssenguth
u. a.

1939   *Clorinde heiratet.* Von Julius Bernhard
       Schiller-Theater Berlin
       Spielleitung: Ernst Stahl-Nachbaur
       GU: Clorinde
       Mit Ernst Schröder u.a.

1939   *König Heinrich IV.*
       Von William Shakespeare
       Schiller-Theater Berlin
       Insz.: Heinrich George
       GU: Dortchen Lakenreisser
       Mit Heinrich George, Ernst Schröder u.a.

1940   *Pantalon und seine Söhne.* Von Paul Ernst
       Schiller-Theater Berlin
       Insz.: Walter Felsenstein
       GU: Lavinia
       Mit Walter Süssenguth, Wolfgang
       Lukschy u.a.

1941   *Kabale und Liebe.* Von Friedrich Schiller
       Gastspiel an der Comédie Française, Paris
       Gastspiel am Königlichen Theater,
       Kopenhagen.
       Mit Heinrich George, Horst Caspar, Paul
       Wegener u.a.

1945   *Eurydike.* Von Jean Anouilh
       Heidelberger Kammerspiele E.V. (DE)
       Insz.: Harald Braun
       GU: Eurydike
       Mit Helene Dietrich, Werner Nippen,
       Arnim Waldeck-Süßenguth

Katharina Knie. Von Carl Zuckmayer
Hess. Staatstheater Wiesbaden
Insz.: Max Müller
GU: Katharina
Mit Walter Reymer, u. a.

Kabale und Liebe. Von Friedrich Schiller
Württ. Staatstheater Stuttgart
Insz.: Helmut Henrichs
GU: Luise
Mit Karl John u. a.

Gespenster. Von Henrik Ibsen
Württ. Staatstheater Stuttgart
Insz.: Helmut Henrichs
GU: Regine
Mit Hermine Körner, Erich Ponto,
Alberth Florath, Paul Hoffmann u. a.

Kreidekreis. Von Klabund
Kammerspiele e. V. Heidelberg
Insz.: Willy Rhode
GU: Haitang
Mit Ursula v. Reibnitz u. a.

1946   *Maria Magdalena.* Von Friedrich Hebbel
Deutsches Theater Wiesbaden
Insz.: Erich-Fritz Brücklmeier
GU: Klara
Mit Arno Hassenpflug, Walter Reymer
u. a.

1947   *Wir sind noch einmal davongekommen.*
        Von Thornton Wilder
        Württ. Staatstheater Stuttgart
        Insz.: Paul Riedy
        GU: Sabina
        Mit Mila Kopp, Fritz Michael Alland u.a.
        Bluthochzeit. Von Federico Garcia Lorca
        Württ. Staatstheater Stuttgart (DE)
        Insz.: Hermine Körner
        GU: Die Braut
        Mit Hermine Körner, Edith Heerdegen,
        Erich Ponto u.a.
        Mary von Schottland. Von Maxwell Anderson
        Württ. Staatstheater Stuttgart
        Insz.: Hermine Körner
        GU: Mary
        Mit Friedrich Schoenfelder u.a.
        Die heilige Johanna.
        Von George Bernard Shaw
        Kammerspiele e.V. Heidelberg
        Insz.: Willi Rhode
        GU: Johanna
        Mit Kunibert Gensichen u.a.
1951   *Colombe oder Das Glück der Liebe.*
        Von Jean Anouilh
        Schloßpark-Theater Berlin (DE)
        Insz.: Helmut Käutner
        GU: Colombe
        Mit Berta Drews, Erich Schellow,
        Elsa Wagner u.a.

Antigone. Von Jean Anouilh
  Theater am Roßmarkt, Frankfurt
  Regie: Hans Krüger
  GU: Antigone
  Mit Hans Madin u.a.
Der Teufel oder der liebe Gott.
  Von Jean Paul Sartre
  Schiller-Theater Berlin (DE)
  Insz.: Karlheinz Stroux
  GU: Katharina
  Mit Walter Franck, Kurt Meisel u.a.

1952 *Lulu.* Von Frank Wedekind
  Schiller-Theater Berlin
  Regie: Oscar Fritz Schuh
  GU: Lulu
  Mit O. E. Hasse, Wolfgang Kieling,
  Martin Held, Hansgeorg Laubenthal,
  Walter Süssenguth
Augenblick der Wahrheit.
  Von Peter Ustinov
  Schiller-Theater Berlin (DE)
  Regie: Willy Schmidt
  GU: Die Tochter
  Mit Rudolf Forster u.a.
Julius Cäsar. Von William Shakespeare
  Schiller-Theater Berlin
  Regie: Karlheinz Stroux
  GU: Calpurnia
  Mit Walter Franck, Mathias Wieman u.a.

Das Leben ein Traum. Von Pedro Calderon
de la Barca
Schiller-Theater Berlin
Regie: Werner Düggelin
GU: Rosaura
Mit Thomas Holtzmann u.a.

1953 *Der Doppeladler.* Von Jean Cocteau
Frankfurt
GU: Die Königin
Mit Wolfgang Kieling u.a.

Fräulein Julie. Von August Strindberg
Theater am Besenbinderhof, Hamburg
Insz.: Alexander Hunzinger
GU: Frl. Julie
Mit Wolfgang Kieling u.a.

Minna von Barnhelm.
Von Gotthold Ephraim Lessing
Stadttheater Basel
Insz.: Dietrich Haugk
GU: Minna
Mit Alfred Schlageter u.a.

Don Juan oder Die Liebe zur Geometrie.
Von Max Frisch
Stadttheater Basel
Insz.: Wolfgang von Stas
GU: Miranda
Mit Wolfgang Kieling u.a.

Der Kaiser von Amerika.
Von George Bernard Shaw
Stadttheater Basel
GU: Orinthia
Mit Alfred Schlageter u. a.

1954 *Fräulein Julie.* Von August Strindberg
Kleine Komödie Wien
Regie: Otto Ambros
GU: Fräulein Julie
Mit Wolfgang Kieling u. a.

Ein Heiratsantrag. Von Anton Tschechow
Kleine Komödie Wien
Regie: Otto Ambros
GU: Natalia Stepanowna
Mit Wolfgang Kieling u. a.

1955 *Nora oder ein Puppenheim.*
Von Henrik Ibsen
Deutsches Theater Berlin
Insz.: Wolfgang Langhoff
GU: Nora
Mit Gisela May u. a.
(bis 1958)

1956 *Die kleinen Füchse.* Von Lillian Hellman
Deutsches Theater Berlin (DE)
Regie: Wolfgang Heinz
GU: Birdie
Mit Inge Keller, Willy A. Kleinau u. a.

Der tolle Tag oder Figaros Hochzeit.
Von de Beaumarchais
Volksbühne Berlin
Regie: Fritz Wisten
GU: Die Gräfin
Mit Rolf Ludwig, Arnim Müller-Stahl u. a.

1957 *Amphitryon 38.* Von Jean Giraudoux
Deutsches Theater Berlin
Regie: Wolfgang Langhoff
GU: Alkmene

Lysistrata. Nach Aristophanes
(Der Ölzweig)
Maxim Gorki Theater Berlin (DE)
Regie: Joan Littlewood, London
GU: Lysistrata

1958 *Die echten Sedemunds.* Von Ernst Barlach
Schiller-Theater Berlin
Regie: Hans Lietzau
GU: Das Mädchen im Rollstuhl
Mit Ernst Schröder, Rudolf Fernau u.a.

Der Entertainer. Von John Osborne
Schloßpark-Theater Berlin (DE)
Regie: Hans Lietzau
GU: Jean
Mit Martin Held, Berta Drews u.a.

Die Dreigroschenoper. Von Bertolt Brecht
Schloßpark-Theater Berlin
Regie: Hans Lietzau
GU: Jenny
Mit Martin Held, Berta Drews,
Carl Raddatz u.a.

Die schöne Schustersfrau.
Von Federico Garcia Lorca
Schiller-Theater Berlin
Regie: Herbert Ballmann
GU: Die Schustersfrau
Mit Rudolf Fernau u. a.

Der Balkon. Von Jean Genet
Schloßpark-Theater Berlin
Regie: Hans Lietzau
GU: Chantal
Mit Rudolf Fernau, Walter Frank,
Bernhard Minetti, Berta Drews u. a.

Drei Schwestern. Von Anton P. Tschechow
Schloßpark-Theater Berlin
Regie: Boleslav Barlog
GU: Mascha
Mit Carl Raddatz, Klaus Kammer,
Rolf Henninger u. a.

*Eine Dummheit macht auch der
Gescheiteste.* Von Alexander N. Ostrovkij
Schloßpark-Theater Berlin
Regie: Walter Henn
GU: Kleopatra
Mit Berta Drews, Else Wagner u. a.

1959 *1913.* Von Carl Sternheim
Schiller-Theater Berlin
Regie: Hans Lietzau
GU: Sofie
Mit Ernst Schröder u. a.

1960   *Der Gärtner von Toulouse.*
       Von Georg Kaiser
       Tourneeproduktion
       Regie: Werner Düggelin
       GU: Madame Theopho
       Mit Gertrud Kückelmann u.a.

1961   *General Quixotte oder Der verliebte Reaktionär.*
       Von Jean Anouilh
       Schloßpark-Theater Berlin (DE)
       Regie: Carl Heinz Schroth
       GU: Aglaé
       Mit Martin Held u.a.

1962   *Kapitän Brassbounds Bekehrung.*
       Von George Bernard Shaw
       Schloßpark-Theater Berlin
       Regie: Carl Heinz Schroth
       GU: Lady Cicely
       Mit Carl Raddatz u.a.
       Kabale und Liebe. Von Friedrich Schiller
       Deutsches Theater München
       Regie: Christian Dorn
       GU: Lady Milford
       Mit Walter Richter, Peter Capell, Albert
       Lippert
       Der Held der westlichen Welt.
       Von John Millington Synge
       Kammerspiele München
       Regie: Hans Schweikart
       GU: Witwe Quin
       Mit Heinz Schubert u.a.

1966   *Die Kaktusblüte*. Von Pierre Barillet/
       Jean-Pierre Grédy
       Theater am Kurfürstendamm (DE)
       Insz.: Rolf Henninger
       GU: Die »Kaktusblüte«
       Mit Günter Pfitzmann, Horst Niendorf
       u. a.

1967   *Der Entertainer*. Von John Osborne
       Tourneeproduktion
       Regie: Michael Kehlmann
       GU: Phoebe
       Mit Hannes Messemer, Boris Mattern
       u. a.

       Olivia. Von Terence Rattigan
       Theater am Dom, Köln
       Regie: Carlos Werner
       GU: Olivia
       Mit Carlos Werner u. a.

1968   *Der Schatten*. Von Evgenij Ŝvarc
       Berliner Volksbühne
       Regie: Hans Georg Utzerath
       GU: Die blinde Sängerin
       Mit Georg Thomalla, Willy Trenk-
       Trebitsch, Stefan Wigger u. a.

       40 Karat. Von Pierre Bariellet/Jean Pierre
       Grédy
       Theater am Kurfürstendamm (DE)
       GU: Lisa
       Regie: Herbert Ballmann
       Mit Gerhard Lippert, Horst Niendorf
       u. a.

Seid nett zu Mr. Sloane. Von Joe Orton
 Theater am Dom, Köln
 Regie: Erich Neureuther
 GU: Kathrin
 Mit Werner Pochath, Alfons Höckmann
 u. a.

1970 *Cher Antoine.* Von Jean Anouilh
 Theater am Kurfürstendamm, Berlin
 Regie: Rolf Henninger
 GU: Estelle
 Mit Lucie Mannheim, Peter Mosbacher
 u. a.

1971 *40 Karat.* Von Pierre Barillet/Jean Pierre
 Grédy
 Hamburger Kammerspiele
 Regie: Ida Ehre
 GU: Lisa
 Mit Michael Hinz u. a.

 Vier Fenster zum Garten.
 Von Pierre Barillet/Jean Pierre Grédy
 Theater am Kurfürstendamm, Berlin
 (DE)
 Regie: O. E. Hasse
 GU: Charlotte, Betty, Irene, Georgette
 Mit Günter Pfitzmann u. a.

1972 *Heiraten.* Von George Bernard Shaw
 Renaissance-Theater Berlin
 Regie: Falk Harnack
 GU: Die Bürgermeisterin
 Mit Gretel Schörg, Käthe Braun, Werner
 Fuetterer, Henning Schlüter

Die Kinder Edouards.
Von Marc-Gilbert Sauvajon
Theater am Kurfürstendamm, Berlin
(DE)
Regie: Christian Wölffer
GU: Denise
Mit Wolfgang Lukschy, Jan Hendriks u. a.

1973 *Die Kinder Edouards.*
Von Marc-Gilbert Sauvajon
Kleine Komödie im Bayerischen Hof
Regie: Otto Stern
GU: Denise
Mit Ivan Desny, Lisa Helwig,
Fritjof Vierock u. a.

1974 *Das Mißverständnis.* Von Albert Camus
Tourneeproduktion
Regie: Werner Kraut
GU: Die Mutter
Mit Lis Verhoeven u. a.

Die Zimmerwirtin.
Von Jacques Audiberti
Grenzlandtheater (Aachen)
Regie: Walter Knaus
GU: Madame Cirqué
Mit Anna Henrix, Thomas Rauchenwald
u. a.

1976 *Der Wald*. Von Aleksandr N. Ostrovskij
   Schauspielhaus Zürich
   Regie: Manfred Karge und Matthias
   Langhoff
   GU: Raissa Pawlowna Gurmyschskaja
   Mit Harald Kuhlmann, Dieter Zeidler
   u. a.
   Frauen in New York. Von Clare Boothe
   Deutsches Schauspielhaus Hamburg (DE)
   Insz.: Rainer Werner Fassbinder
   GU: Mrs. Morehead
   und Comtesse de Lage
   Mit Ehmi Bessel, Irm Hermann,
   Eva Mattes, Barbara Sukowa u. a.

1977 *Marie Tudor*. Von Victor Hugo.
   Burgtheater Wien
   Insz.: Gerhard Klingenberg
   GU: Marie Tudor
   Arc de Triomphe. Von Marcel Mithois
   Theater am Kurfürstendamm (DE)
   Berlin
   Insz.: Wolfgang Spier
   GU: Françoise
   Mit Harald Juhnke u. a.
   Wer hat Angst vor Virginia Woolf?
   Von Edward Albee
   Schauspielhaus Zürich
   Regie: Harry Buckwitz
   GU: Martha
   Mit Ulrich Haupt, Anne-Marie Dermon
   u. a.

1978 *Die Kassette*. Von Carl Sternheim
   Deutsches Schauspielhaus Hamburg
   Regie: Ulrich Heising
   GU: Elsbeth Treu
   Mit Herbert Mensching, Daniela Ziegler
   u. a.
   Geliebter Lügner. Von Jerome Kilty
   Deutsches Schauspielhaus Hamburg
   Regie: Harry Meyen
   GU: Stella Patrick Campbell
   Mit Will Quadflieg u. a.

1980 *Ein Frühlingstag*. Von Gernhild Reinshagen
   Schauspielhaus Bochum (DU)
   Regie: Claus Peymann
   GU: Die Generalin
   Mit Traugott Buhre u. a.
   Der Milchzug hält hier nicht mehr.
   Von Tennessee Williams
   Tourneeproduktion
   Regie: Kai Braak
   GU: Mrs. Goforth
   Mit Dirk Galuba, Lis Verhoeven u. a.

1981 *Die Perser*. Von Aischylos
   Ernst-Deutsch-Theater Hamburg
   Insz.: Richard Münch
   GU: Atossa
   Mit Richard Münch, Günther König u. a.

Lumpen (Jeder liebt Opal). Von John Patrick
Tourneeproduktion
Regie: Gerrit Neuhaus
GU: Opal
Mit Iris Berben, Horst Jüssen u. a.

1983   *Sommer.* Von Edward Bond
Schloßpark-Theater Berlin
Regie: Nicolas Brieger
GU: Xenia
Mit Agnes Fink u. a.

Gespenster. Von Hendrik Ibsen
Wanderbühne Gisela Uhlen
Insz.: Boleslav Barlog
GU: Helene Alving
Mit Robert Hunger-Bühler, Joost Sied-
hoff, Susanne Uhlen u. a.

1984   *Der Besuch der alten Dame.*
Von Friedrich Dürrenmatt
Städt. Bühne Trier
Regie: Rudolf Stromberg
GU: Claire Zachanassian
Mit Gerhard Erfurt u. a.

Die Perser. Bearbeitung: Matthias Braun
Kleines Theater im Park, Bonn
Regie: Marc Luxemburger
GU: Atossa

1986   *Die Irre von Chaillot.* Von Jean Giraudoux
Wanderbühne Gisela Uhlen
Insz.: Hartmut Albert
GU: Aurélie

217

1987   *Der Besuch der alten Dame.*
        Von Friedrich Dürrenmatt
        Burgfestspiele Perchtoldsdorf
        Regie: Fritz Zecha
        GU: Claire Zachanassian
        Chicago. Musical von John Kender.
        Musik: Fred Ebb
        Deutsches Theater München
        (Produktion: Theater des Westens,
        Berlin)
        Regie: Helmut Baumann
        GU: Mama Morton
        Mit Katja Ebstein u.a.
1989   *Patt – Oder das Spiel der Könige.*
        Von Pavel Kohout
        Tourneeproduktion
        Regie: Michael Günther
        GU: Die Frau
        Mit Claus Höhne u.a.
1990   *Der letzte Gast.* Von Thomas Hürlimann
        Schauspielhaus Zürich (SU)
        Insz.: Achim Benning
        GU: Oskar Werner
        Mit Matthias Scheuring, Anne-Marie
        Blanc, Emanuela von Frankenberg u.a.

Die Physiker. Von Friedrich Dürrenmatt
Schauspielhaus Zürich
Regie: Achim Benning
GU: Frl. von Zahnd
Mit Ernst Jacobi, Peter Ehrlich, Jürgen
Cziesla u. a.
(bis 1993, einschl. eines Gastspiels in
Moskau)

1991 *Tohuwabohu.* Von Judith Herzberg
Schauspiel Bonn (DU)
Insz.: Frank Hoffmann
GU: Ina
Mit Monika Kroll, Michael Prelle u. a.

1992 *Die Glasmenagerie.* Von Tennessee Williams
Tourneeproduktion
Insz.: Georg-Albrecht Eckle
GU: Amanda Wingfield
Mit Bernd Seebacher, Renate Blume,
Jörg Panknin u. a.

1993 *Hedda Gabler.* Von Henrik Ibsen
Schauspielhaus Zürich
Insz.: Arie Zinger
GU: Juliane Tesman
Mit Anne-Marie Kuster, Roland Renner,
Emanuela von Frankenberg, Matthias
Scheuring u. a.

1993   *Cabaret.* Musical nach dem Stück
        »Ich bin eine Kamera«
        von John van Druten und Erzählung
        von Christopher Isherwood.
        Theater des Westens, Berlin
        Regie: Helmut Baumann
        GU: Frl. Schneider
        Mit Manfred Lichtenfeld u.a.

Film

1936   *Annemarie*
      Spielleitung: Fritz Peter Buch
      Mit Viktor v. Zitzewitz

1938   *Liebelei und Liebe*
      Spielleitung: Arthur Maria Rabenalt
      Mit Carl Raddatz, Paul Hörbiger u.a.

      Tanz auf dem Vulkan
      Spielleitung: Hans Steinhoff
      Mit Gustaf Gründgens, Sybille Schmitz
      u.a.

1939   *Mann für Mann*
      Spielleitung: R.A.Stemmle
      Mit Gustav Knuth, Josef Sieber u.a.

      Morgen werde ich verhaftet
      Spielleitung: Karlheinz Stroux
      Mit Käthe Dorsch, Paul Dahlke u.a.

1940   *Die Rothschilds*
      Spielleitung: Erich Waschneck
      Mit Carl Kuhlmann, Erich Ponto,
      Bernhard Minetti u.a.

Die unvollkommene Liebe
Spielleitung: Erich Waschneck
Mit Willy Fritsch, Ida Wüst u.a.

Zwischen Hamburg und Haiti
Spielleitung: Erich Waschneck
Mit Gustav Knuth, Walter Franck u.a.

1941 *Ohm Krüger*
Spielleitung: Hans Steinhoff
Mit Emil Jannings, Gustaf Gründgens,
Lucie Höflich, Werner Hinz, Elisabeth
Flickenschildt u.a.

1942 *Der 5. Juni*
Spielleitung: Fritz Kirchhoff
Mit Carl Raddatz u.a.

Rembrandt
Spielleiter: Hans Steinhoff
Mit Ewald Balser, Elisabeth Flicken-
schildt, Walter Süssenguth u.a.

Schicksal
Regie: Karl Hartl
Mit Heinrich George, Will Quadflieg u.a.

Symphonie eines Lebens
Regie: Hans Bertram
Mit Harry Baur, Henny Porten

Zwischen Himmel und Erde
Regie: Harald Braun
Mit Werner Krauß, Gustav Waldau u.a.

1943 *Die beiden Schwestern*
Regie: Erich Waschneck
Mit O. W. Fischer, Albert Florath,
Erich Ponto, Ida Wüst u.a.

1944   *Die Zaubergeige*
       Regie: Herbert Maisch
       Mit Will Quadflieg, Eugen Klöpfer,
       Paul Hörbiger, Hans Leibelt u.a.

1945   *Der stumme Gast*
       Regie: Harald Braun
       Mit René Deltgen, Rudolf Fernau u.a.

1949   *Eine große Liebe*
       Regie: Hans Bertram
       Mit Michael Korronta, Gustav Waldau
       u.a.

1950   *Der fallende Stern*
       Regie: Harald Braun
       Mit Werner Krauß, Dieter Borsche,
       Paul Dahlke, u.a.

1951   *Der schweigende Mund*
       Regie: Karl Hartl
       Mit Oskar Homolka, Albin Skoda,
       Curd Jürgens, Gusti Wolf u.a.

1952   *Türme des Schweigens*
       Regie: Hans Bertram
       Mit Carl Raddatz, Hermann Schomberg
       u.a.

1955   *Robert Mayer, der Arzt aus Heilbronn* (DEFA)
       Regie: Helmut Spieß
       Mit Emil Stöhr u.a.

1956   *Friedrich Schiller* (DEFA)
       Regie: Martin Hellberg
       Das Traumschiff (DEFA)
       Regie: Herbert Ballmann
       Mit Günther Simon u.a.

1957   *Reifender Sommer* (DEFA)
        Regie: Horst Reinicke
        Mit Willy A. Kleinau u. a.

1958   *Emilia Galloti* (DEFA)
        Regie: Martin Hellberg
        Mit Karin Hübner, E. O. Fuhrmann,
        Gerhard Bienert u. a.

        Der Prozeß wird vertagt (DEFA)
        Regie: Herbert Ballmann
        Mit Raimund Schelcher, Gerry Wolff,
        Gerhard Bienert u. a.

1960   *Mit 17 weint man nicht*
        Regie: Alfred Vohrer
        Mit Heinz Drache u. a.

1961   *Das Mädchen und der Staatsanwalt*
        Regie: Jürgen Goslar
        Mit Götz George, Elke Sommer, Paul
        Dahlke u. a.

1963   *Das indische Tuch*
        Regie: Alfred Vohrer
        Mit Heinz Drache, Klaus Kinski,
        Hans Clarin u. a.

1964   *Die Tür mit den sieben Schlössern*
        Regie: Alfred Vohrer
        Mit Pinkas Braun, Heinz Drache u. a.

1965   *Ferien mit Piroschka*
        Regie: Franz Josef Gottlieb
        Mit Götz George, Dietmar Schönherr,
        Marie Versini u. a.

Das Hotel der toten Gäste
Regie: Eberhard Itzenplitz
Mit Wolfgang Kieling, Klaus Biederstaedt,
Joachim Fuchsberger u. a.

1966 *Der Bucklige von Soho*
Regie: Alfred Vohrer
Mit Pinkas Braun, Eddi Arent u. a.

1968 *Lady Hamilton,*
Regie: Christian-Jacque, Paris
Mit Michèle Mercier, Harald Leipnitz,
Nadja Tiller u. a.

1969 *Dr. med. Fabian, Lachen ist die beste Medizin*
Regie: Harald Reinl
Mit Hans-Joachim Kulenkampff,
Martin Held u. a.

1974 *Drei Männer im Schnee*
Regie: Alfred Vohrer
Mit Thomas Fritsch, Grit Böttcher,
Klaus Schwarzkopf u. a.

1975 *Der Edelweißkönig*
Regie: Paul Ostermayr
Mit Robert Hoffmann, Adrian Hoven,
Werner Umberg u. a.

1979 *Die Ehe der Maria Braun*
Regie: Rainer Werner Fassbinder
Mit Hanna Schygulla, Günter Lamprecht,
Klaus Löwitsch u. a.

1980 *Meister Eder und sein Pumuckl*
Regie: Ulrich König
Mit Gustl Bayrhammer, Hugo Lindinger
u. a.

1982   *Meister Eder und sein Pumuckl 3*
        Regie: Ulrich König
        Mit Gustl Bayrhammer, Hugo Lindinger
        u. a.

1990   *Toto der Held*
        Regie: Jaco van Dormael, Brüssel
        Mit Michel Bouquet u. a.

1992   *Zürich – Transit*
        Mit Dieter Kirchleitner u. a.

Für ihre Rolle im Film »Die Ehe der Maria Braun« erhielt Gisela Uhlen 1979 das »Filmband in Gold«.

Fernsehen

1953   Mr. Lamberthier
        Mirandolina
        Das Lächeln der Giocanda
1960   Der Groß-Cophta
1961   Ruf zur Leidenschaft
        1913
        Die kleinen Füchse
        Biographie und Liebe
1962   Der Gärtner von Toulouse
        Aufstand der Gehorsamen
        Sind wir das nicht alle?
1963   Dr. Joanna Marlowe
        Ein Lebenlang
        Verlorener Sohn
1964   Der Mann nebenan
        König Richard III.
        Kein Freibrief für Mord
        Eurydike
        Der Apollo von Bellac
        Der Mitternachtsmarkt

1965   *Die eigenen vier Wände*
Das Kriminalmuseum: Der Schlüssel
Die Hesselbachs (Serie)
Der seidene Schuh

1966   *Geschlossene Gesellschaft*

1967   *Das Kriminalmuseum: Teerosen*
Der Panama-Skandal
Der schöne Gleichgültige
Der Tod läuft hinterher

1968   *Der Ball*
Mathilde Möhring

1969   *Geborgenheit gilt als Gefängnis*
Hotel du Commerce
Die Zimmerschlacht

1970   *Cher Antoine oder Die verfehlte Liebe*
Lasalle

1971   *Leiche gesucht*
Der Kommissar: In letzter Minute

1972   *Frau Jenny Treibel*
Ein Tag im Regen

1973   *Besuch im Landhaus*
Der Kommissar: Domanns Mörder

1974   *Die Kinder Edouards*
Spiel mit Dreien
Strychnin und saure Drops

1975   *Tatort: Als gestohlen gemeldet*
Freundin

1976   *Eichholz und Söhne (Serie)*
        Die Hellseherin
        Lobster
        Die Insel
        Tatort: Zwei Leben
1977   *Arc de Triomphe*
        Frauen in New York
1978   *Der Kommissar: Ute und Manuela*
1980   *Derrick: Die Entscheidung*
1982   *Sein erster Fall*
        Uta
        Wir haben uns doch mal geliebt
        Die Katze im Sack
1983   *Die zweite Frau*
1985   *Mütter und Töchter*
1986   *Der Alte: Falsch verbunden*
        Engels und Consorten (Serie)
1988   *Der Tüftler (Serie)*
1989   *Forsthaus Falkenau (Serie) 1988–1993*
1990   *Derrick: Keine gute Idee an Geld zu*
        kommen
        Tierheim (Serie): Der Rabe und das Äffchen
        Urlaub in Karatschi
1991   *Ein Fall für zwei*
1992   *Frauengeschichten (2teilig)*
        Tatort: Wolfs Revier
        Landarzt (Serie)

Photonachweis

Thilo Beu (194, 195) Rosemarie Clausen (156, 157) Victor Mory (186) Walter Paminger (187) Joachim Thomas (177, 178, 179) Jutta Ungelenk-Stamp (183) Leonard Zubler (188, 189, 190, 191, 192, 193, 197) Alle anderen Photos: Privatarchiv Gisela Uhlen.

Wo der Verbleib der Urheberrechte nicht geklärt werden konnte, werden berechtigte Ansprüche selbstverständlich abgegolten.

Biographien bei Beltz Quadriga

Maria Biesold
Sergej Rachmaninoff
1873 – 1943
Zwischen Moskau und New York
Eine Künstlerbiographie.
479 Seiten, 20 Abbildungen,
Broschur
ISBN 3-88679-215-3

Christina Haberlik
Peter Lühr
Ein Porträt.
166 Seiten,
32 Abbildungen, Leinen
ISBN 3-88679-183-1

Raimund Hoghe
Zeitporträts
233 Seiten, mit zahlreichen
Photos, gebunden
ISBN 3-88679-212-9

Ernst Kretschmer (Hrsg.)
**Christian Morgenstern:
Ein Wanderleben in Wort
und Bild**
224 Seiten, 145 Abbildungen,
Broschur
ISBN 3-88679-180-7

Ulrich Liebe
verehrt, verfolgt, vergessen
Schauspieler als Naziopfer.
278 Seiten, ca. 100 Abbildungen,
gebunden
ISBN 3-88679-197-1

Hedwig Müller
Mary Wigman
Leben und Werk einer
großen Tänzerin.
324 Seiten, mit zahlreichen
Abbildungen, Broschur
ISBN 3-88679-148-3

Agnes Sassoon
**Überlebt. Als Kind in deut-
schen Konzentrationslagern**
Aus dem Engl. von Heike Brandt.
166 Seiten, gebunden
ISBN 3-88679-198-X

Richard von Soldenhoff (Hrsg.)
Carl von Ossietzky
Ein Lebensbild.
336 Seiten, 412 Abbildungen,
Leinen
ISBN 3-88679-173-4

Richard von Soldenhoff (Hrsg.)
Kurt Tucholsky 1890 – 1935
Ein Lebensbild.
296 Seiten, 325 Abbildungen,
Leinen-Ausgabe
ISBN 3-88679-138-6
Broschur-Ausgabe
ISBN 3-88679-154-8

Caitlin Thomas
Mein Leben mit Dylan Thomas
Aus dem Engl. von Angela
Uthe-Spencker.
287 Seiten, gebunden
ISBN 3-88679-196-3

BELTZ
Quadriga

5467 207 93

Biographien bei Beltz Quadriga

Edward Z. Epstein/Joe Morella
Mia Farrow · Biographie
Mit einem Vorwort von Hellmuth
Karasek. Aus dem Amerik. von
H. Sommer und O. Ziemer.
296 Seiten mit zahlreichen
Abb., gebunden
ISBN 3-88679-211-0

Eberhard Fechner
Die Comedian Harmonists
Sechs Lebensläufe.
452 Seiten, 47 Abb., Leinen
ISBN 3-88679-174-2

Lawrence Grobel
Gespräche mit Marlon Brando
Aus dem Amerik. von B. Jakobeit.
188 Seiten mit Abb., Broschur
ISBN 3-88679-214-5

Matilde Hochkofler
**Marcello Mastroianni ·
Das süße Leben**
Mit einem Vorwort von
Federico Fellini. Aus dem Ital.
von Monika Lustig.
336 Seiten mit zahlreichen
Abb., gebunden
ISBN 3-88679-216-1

Inge Meysel
Frei heraus – mein Leben
375 Seiten, ca. 180 Abb., gebunden
ISBN 3-88679-195-5

Egon Netenjakob
Eberhard Fechner
Lebensläufe dieses Jahrhunderts
im Film. Eine Biographie.
243 Seiten, 32 Abb., Leinen
ISBN 3-88679-181-5

Vanessa Redgrave
Autobiographie
Aus dem Engl. von Heide
Sommer und Range R. Cloyd jr.
455 Seiten, 96 Abb., gebunden
ISBN 3-88679-200-5

Herbert Spaich
Rainer Werner Fassbinder
Leben und Werk.
421 Seiten, ca. 50 Abb., gebunden
ISBN 3-407-85104-9

Gisela Uhlen
Meine Droge ist das Leben
230 Seiten, ca. 80 Abb.,
gebunden
ISBN 3-88679-199-8

Odette Ventura
Lino
Das Leben des Lino Ventura.
Unter Mitarbeit von Ch. Brin-
court und G. Lambert. Aus dem
Franz. von B. Restorff.
256 Seiten mit zahlreichen Abb.,
gebunden
ISBN 3-88679-217-X

BELTZ
Quadriga

5466 20.7.93